ジェイ・シェファーの
スモールハウス

グレゴリー・ジョンソンのスモールハウス

ディー・ウィリアムズのスモールハウス

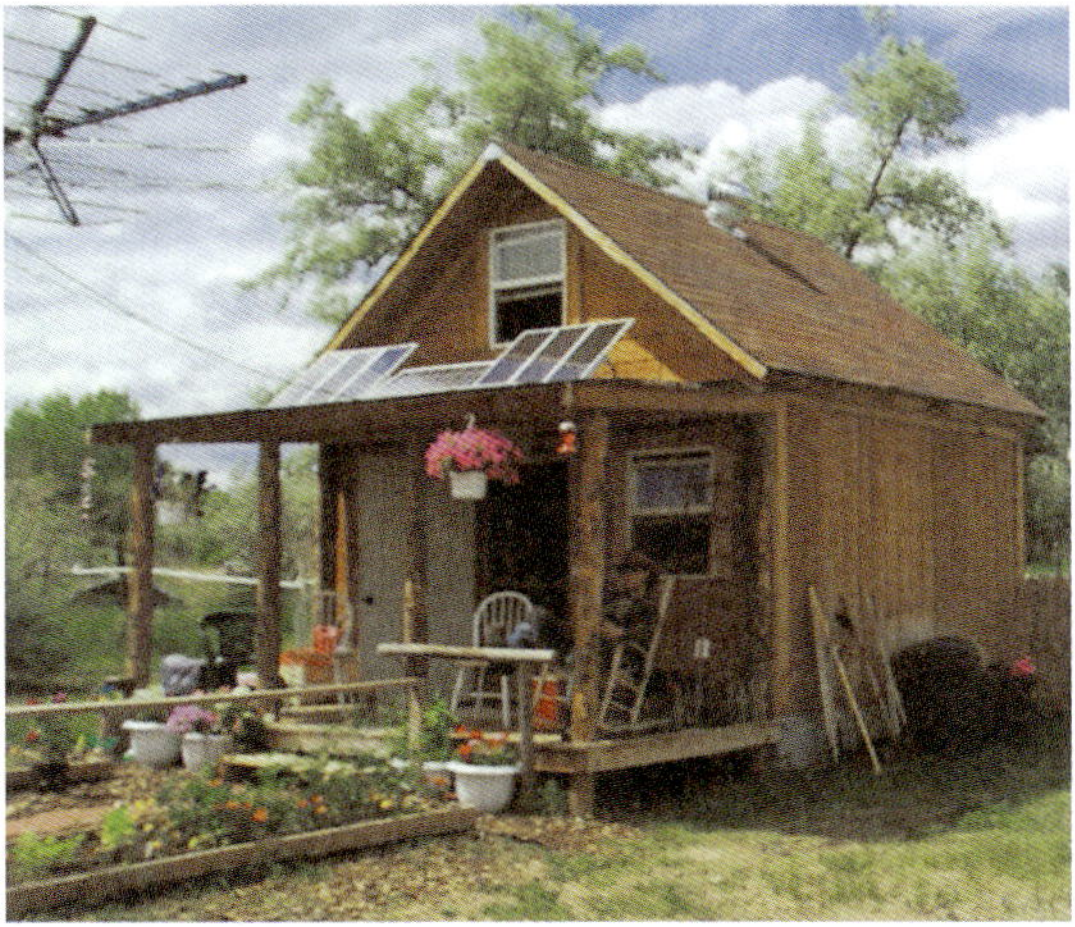

ラマル・アレクサンダーのスモールハウス

デヴィッド・ベルのスモールハウス

ダイアナ・ローレンスのスモールハウス

ちくま文庫

スモールハウス

3坪で手に入れるシンプルで自由な生き方

高村友也

筑摩書房

目次

第4章　自由を得るのにお金は要らない

第5章 誰でも手に入るローカルユートピア

第6章　質素な生活と高度な思索

はじめに　「スモール」の本丸を攻める

今、「小さな家」が注目されている

僕は、27歳で「土地持ち、マイホーム持ち」になった、勝ち組中の勝ち組だ。買った土地は、都心から原付で半日ほどの雑木林の中。10万円足らずで3坪ほどの小屋をセルフビルドし、何にわずらわされることもない生活を送っている。

家賃やローンはないし、固定資産税もかからない。必要な電力はソーラーパネルが半永久的に供給してくれるし、生ゴミや排水は畑に戻されるから大掛かりな下水設備も要らない。使える電力もスペースも限られているから、余計な物を買うこともない。あとは、食費や諸々含めても、月に2万円もあれば左団扇《うちわ》で生きていける。

僕自身の動機にはちょっと極端なところがあり（本筋から逸れるので、「あとがき」に少し書かせてもらった）、そのやり方はお世辞にも模範的とは言えないかもしれない。でも、そうしたスモールでシンプルなライフスタイルをうまく使えば、みんなもっと余裕のある暮らしができるし、人によっては安定した収入を選ばずにやりたいことができるんじゃないかと思う。

この国は、生きているだけで最低限しなければならないことが多すぎて、普通に生活していこうとすると、移動手段を確保して、情報ツールを携えて、身なりもそれなりに整えなければならないし、何だかんだと手続きやら、契約やら、お金の計算やら、人付き合いやら、そうこうしているうちに一生が過ぎていきそうな勢いだ。その頂点にあるのが、「家」という存在だと思う。

それぞれの生き方に合わせて、それぞれの家を選ぶようになれば、平均的なマイホームの概念は消え去り、必ずしも庭付き一戸建て云千万円の家を買う必要がないと気付くと、定職主義的な雇用の問題はいつの間にか消滅する。豪華すぎる巨大な家を各家庭にひとつ与えるために必要だった資源やエネルギーは半減する。やがて誰もが、経済は回れば回るほど良いと思っていた幻想は何だったのかと疑問に思い始める。これはもしかしたら世界平和に通ずる道なんじゃないだろうか。

……なんてことを、屋根裏の寝床で横になりながら、夢か現《うつつ》か考えていたのだが、どうやら、全然夢じゃないらしい。なんと、ここ数年ほどで、僕の家みたいな「小さな家」が、世界中にポコポコ建ち始めている。

もちろん、途上国へ行けば小さな家はいくらでもある。そうじゃなくて、先進国で「小さな家」が注目され始めている。

驚くべきことに、その先陣を切っているのが、大量生産・大量消費、物質文明の最先端を行く、あのアメリカだ。もちろん、住宅の大きさもアメリカが世界の主要国で断トツ、ナンバーワン❶だ。

それがなんだって突然、家を小さくし出したのか。「大きいことは良いことだ」じゃなかったのか?

直接の理由は、やはり、サブプライムローンの破綻、リーマンショック、エネルギー価格高騰といった経済危機を経験した2008年あたりにあるらしい。

サブプライムローンの破綻というのは、要は、返済に無理のある住宅ローンをジャンジャン貸し付けたけど本当に無理でした、という話。それで、アメリカ人はみんな、無理するもんじゃないな、ちょっと小さめの家で我慢しておこう、と思い始めた。

実際、アメリカのメディアで「小さな家」の報道が激増したのは、ほんのここ数年だ。

「小さな家」というのは呼びにくいので、本書では、「スモールハウス」[2]と呼ぶことにする。それから、スモールハウスに住む人が増えてきたり、スモールハウスを専門に扱う企業が増えてきたり、スモールハウスに対する関心が高まってきたり、といった一連の現象は、「スモールハウスムーブメント」[3]と呼ばれている。

でも、ちょっと冒頭の写真を見て欲しい。それらはみんな、メディアで散々取り上げられているスモールハウスなのだが、「小さめの家で我慢しておこう」にしてはちょっと小さすぎないか？　まさか、ローンの債務不履行という可能性にビビりすぎて、こんなに萎縮しちゃったわけじゃあるまい。

それで、ずっと話を追っていくと、スモールハウスムーブメントにはどうやら二つの側面があるらしい、ということがわかってきた。

ひとつは、さっき言ったように、「不況だからしかたない、ちょっと小さくしとくか」という、ネガティヴで一時的な妥協感情だ。つまり、そういう人たちは、「金さえあれば、豪邸を建てるのに」「みんなもっとジャンジャン働いてジャンジャン消費すれば、景気良くなって大きな家を建てられるのに」なんて考えているだろう。

このように、昨今の経済的・社会的状況を反映して、不可抗力的に大きいものから少しずつ小さくなってきたスモールハウス、❹これもたしかにスモールハウスムーブメントを形成している一側面だ。お金がないから小さな家に住む、裏を返せば、お金さえあれば大きな家に住む。

こうした側面は、単純明快、リーマンショック以前と以後に着工した住宅の平均面積を比べれば話は終わりだ。実際、アメリカで着工される住宅（持ち家、戸建て）の平均面積（延べ床）は、１９５０年の１００平米弱から膨張し続けてきたが、２００８年第２四半期に２４４平米だったのが、２００８年第４四半期には２１８平米に縮小している。❺あとは、経済学者にわかりやすい理屈を付けてもらえば一件落着。

でも、これでは誰も「ムーブメント」とは呼ばないだろう。「ムーブメント」というからにはもうちょっと能動性、志向性のあるもののはずだ。

では、スモールハウスムーブメントのもうひとつの側面、つまり、この動きの本当の原動力となっているものは何か？　そこのところを、本書を通じて伝えたいと思っている。

簡単に例を挙げるとすれば、物の所有から手を引いてシンプルな生活をしたい、家賃や維持費のかからない住む場所を確保して自由に好きなことをしたい、大きな家を建てて地球に負担をかけるようなことをしたくない、生活をリスタートするきっかけが欲しい、大きな家のためではなく別のことにお金や時間を使いたい、静かに本を読んだり思索したりできる空間が欲しい、単純にミニマムな暮らしが好き、などなど。

いろんな動機はあれども、共通しているのは、家を小さくすることによって自分と生活を共にする物事を取捨選択し、ひいては、自分にとって何が必要で何が必要でないか、何が重要で何が重要でないか、何が幸せに結びついて何が幸せを遠ざけるかを、ちゃんと見つめ直した上で生きていきたい、そういうところだと思う。詳しくは、本文を読んでいただきたい。

3坪の家がムーブメントの中心

そう、ひとつ訂正がある。さっき、「僕の家みたいなのが世界中にポコポコ」と言ってしまったけれど、嘘が四つも混ざってる。

まず、「世界中にポコポコ」建ち始めてるスモールハウスは、10万円の僕の家みたいにボロくない。もっと快適に住める家ばかりだし、見た目から言ってもカブとハーレーくらいの差がある。僕の家と共通してるのは大きさと、あと間取りも意外と似てたりなんかして、ちょっとびっくりした。

筆者の家の間取りと、後で登場するシェファーの家の間取りを見てほしい。よく似てるよね。なに、そんなに似てない？　要は、階下にリビングとキッチンとバスルームを詰め込んで、ロフトにベッドルームを作って寝る、ということ。シェファーの家だけじゃなくて、スモールハウスはどれもだいたいこういう間取りになっている。合理的に家を極限まで小さくしようとすると、こういう答えが出てくるんだな、と思った。

それから、「ポコポコ」は言い過ぎた。ムーブメントはまだ胎動期にある。でも、確実に盛り上がりを見せ始めている。「世界中」も言い過ぎで、今はまだアメリカ＋αといった感じだ。でも、インターネットを通じて世界中のスモールハウス愛好者が情報を発信・交換し始めている。

それで、四つ目の嘘。「スモールハウスムーブメント」というのは、本来もうちょっと広い射程を持った社会現象のことだ。つまり、僕の家みたいな「ミニマムハウス」だけの話じゃなくて、要は、「大きな家は必要ない」「小さくシンプルに暮らそうよ」というのが広義のスモールハウスムーブメント。

たとえば、「親子4人家族だけれども、延べ40坪の家を買うのはやめて、20坪のコ

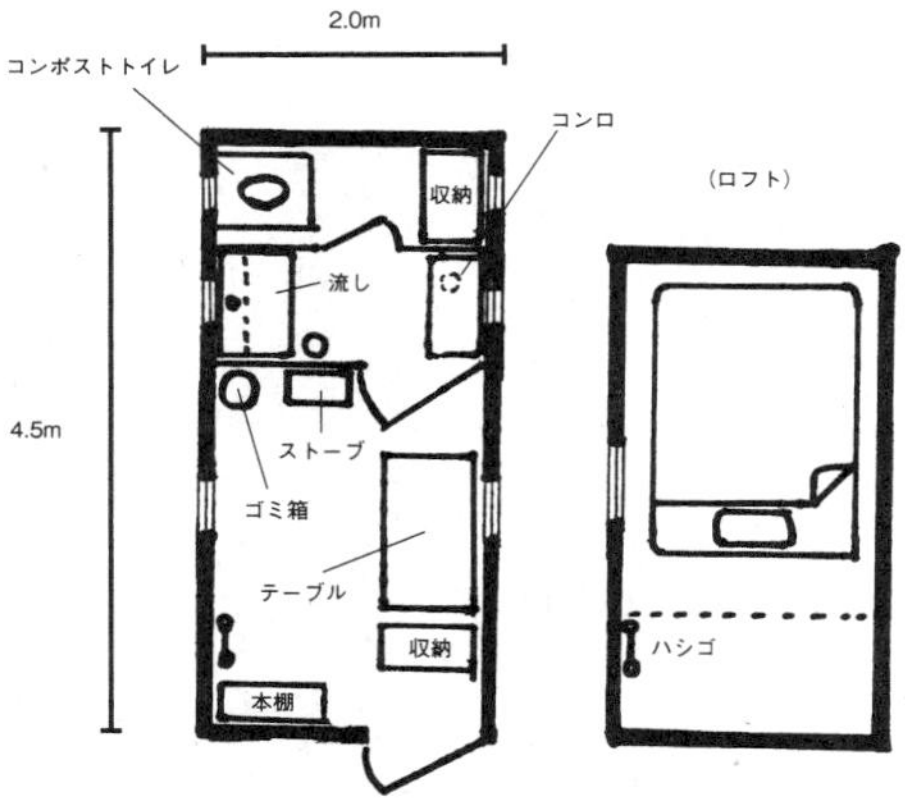

筆者の家の間取り

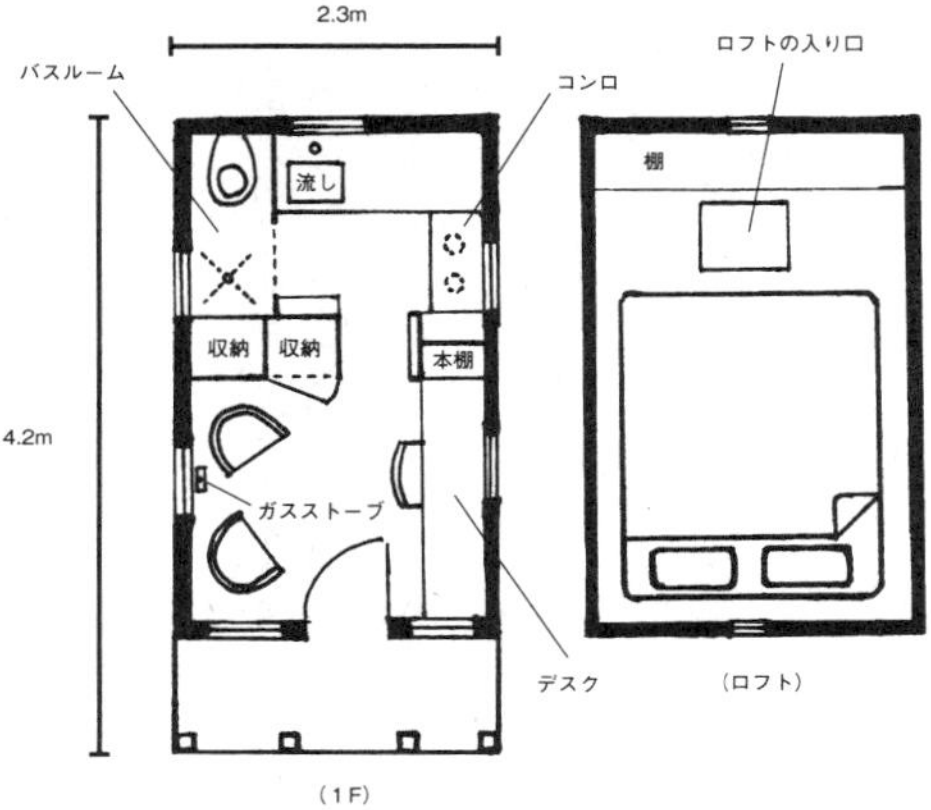

シェファーの家の間取り

ンパクトな家にしてみた」とか、「独身だけど持ち家を考えていて、10坪くらいで計画している」といった、もう少し常識に近いプランもスモールハウスムーブメントの範疇に入っている。

でも、本書で紹介するような3坪前後の極端に小さな家に（別荘やセカンドハウスとしてではなく）フルタイムで住むということ、これがなかったらムーブメントとは呼ばれていなかったし、メディアの話題を集めることもなかっただろうと思う。

だから、本書で紹介している「スモールハウスムーブメント」というのは、ムーブメントの全体像の一部であり、なおかつ、核となっている部分である、ということ。いずれにしても、極端に小さな家は、人々が何を求めて家を小さくしようとしているのか一番わかりやすく教えてくれるから、本書を核としてムーブメントの全体像をイメージしていただいても、決して的外れにはならないと思う。

僕みたいに極端に小さな家が好きな人と、普通に家を建てようと思ってて「もうちょっと小さくていいんじゃないか」と思ってる人と、「おかしなことをしてる奴がいるな」と思ってる野次馬と、みんな楽しんでもらえる内容にするつもりだ。

「スモール」の波に乗り遅れている住宅

実際、家って、もっと小さくていいと思う。

なんといっても、値段がべらぼうに高い。日本の家の平均価格（新築一戸建て）は、土地と合わせて4000万円[6]だという。それにローンの利子と手数料で1000万円以上[7]、さらに税金やメンテナンス費用も合わせれば、家を建てようと決めてから、一生涯で、実に6000万円以上！　つまり、生涯賃金を2億円と考えれば、その3分の1に及ぶ。一体、どうしてみんな、こんな状況に甘んじているんだろう。

今の時代、大きいままふんぞり返ってでしゃばっているのは、「家」だけだと思う。自動車やパソコンは言うまでもなく、冷蔵庫や炊飯器、エアコンや掃除機、果てはペットやお墓に至るまで、最近はどれもこれも小型化のオンパレード。家電量販店に足を踏み入れると、「コンパクトで場所を取らない」「スリムでスタイリッシュ」「小さくて使いやすい」そんな宣伝文句ばかり。

「大きいことが良いとは限らない」という主張がもはや新鮮に聞こえないくらい、時代はスモール、ダイエット、ダウンサイジングへの道を確実に歩み始めている。

ところが、「家」はどう見てもその波に乗り遅れている。

家を小さくすることで可能になる、建築費・維持費・光熱費・税金の節約、環境への影響の低減、掃除やメンテナンスの簡略化などは、他の「小さなスモール」とは桁違いで、言わば家の小型化というのは、「大きなスモール」だ。でも、その「大きなスモール」には、なぜか誰も手をつけようとしてこなかった。「スモール」という城塞の外堀は埋まっても、本丸は依然、無傷で平然としているのだ。

もちろん、「誰も手をつけようとしてこなかった」というのは言い過ぎで、いつの時代にも狭小住宅や最小限住宅というものを好む住人や建築家はいたし、「大きくて広い家で派手な生活をすべきだ」と説いている思想や宗教を探すほうが難しい。

それでも、数字を見れば大勢は一目瞭然。日本の住宅（持ち家、戸建て）の平均面積（延べ床）は、戦後数年間は50平米程度であったが、その後ほとんど右肩上がりで膨張し続け、２００８年で１２９平米にまでなった[8]。これは、ヨーロッパ先進諸国と同水準[9]か、それより少し広いくらいの数字だ。

スモールハウスは日本に最適

実際に自分の家をどうするかは横に置いておくとしても、スモールハウスムーブメントというのは、特に日本にとってはいろんな可能性と示唆に富んでいて、すごく面白い話だと思う。

なにしろ、「スモール」は元来、日本のお家芸だ。

日本の国土は人口のわりに狭く、資源は他国に比べて乏しい。決して恵まれない自然条件の中で、小型化は日本の武器であり続けてきた。小型化において日本の右に出る国はないにもかかわらず、どういうわけか住宅に関してはその伝家の宝刀を抜き損なっている。

日本のような技術大国が成長を続けていくための頼みの綱であった原子力発電も、2012年5月から7月まで少なくとも一時的には稼動数ゼロになった。火力による代替も化石燃料が限られている以上、せいぜい数世代で再考を余儀なくされる。これまでも世界で最も切実なエネルギー問題を抱えていた日本だが、今やその危機と関心は頂点に達し、根本的なライフスタイルの転換の必要性が囁《ささや》かれているにもかかわらず、膨大な資源消費の元凶である家を小型化するという発想は浸透していない。

土地も建物も、いまだに世界トップレベルの価格であるにもかかわらず、デフレのせいで給料はなかなか上がらず、ローンを返すのは困難を極め、一方、購入した住宅の価値は下がるばかりだ。さらに、日本の家屋の寿命（耐久性だけでなく、市場価格的な意味も含む）は欧米諸国と比べて格段に短く、築20年も経てば、その評価額はほとんどゼロになると言われている。

長引く不況、就職難やリストラといった雇用問題が、個人の生活に直接的な打撃を与えるのは、主として家賃やローンが払えなくなるからだ。家に関して選択肢が広がり、各ライフスタイルに適した最低限の生活が確保されるようになれば、高校や大学を出て就職し、その後定年まで働き続けるといった従来型の人生設計にこだわる必要もなくなってくる。

また、日本では、数年後には半数以上の世帯が単身か二人世帯になると言われている。これは、結婚率の低下や晩婚化、結婚しても子供を持たない傾向、子育て後あるいはリタイア後の夫婦の人生の長期化などが原因となっている。増え続ける「おひとりさま」と「おふたりさま」のために、賃貸やマンションだけでなく、小さな持ち家、つまりスモールハウスという選択肢があってもいいのではないだろうか。

何より、僕らには禅や茶道、近年の断捨離ブームにも見られるような、シンプルなものに美しさを見出す精神的気質がある。

日本はスモールハウスムーブメントを受け入れ、なおかつ牽引していくくらいの可能性を秘めた国であるように思う。

ムーブメントの波が日本に押し寄せ、「スモール」の本丸が攻略されるのも、そう遠くないのではないだろうか。

あらかじめ断っておくと、本書は実践的なノウハウを記述した本ではないし、僕個人の観点・解釈も色濃く出てくる。半分はドキュメント、半分は僕のエッセイ。最後までお付き合いのほど、どうぞよろしく。

❶（p.10）アメリカの住宅（戸建て、持ち家）の、平均面積（延べ床）は、2009年で167平米。これは既存の住宅も含めた数字だが、新築住宅（建築より4年間）の平均面積に関しては、2009年で223平米。ただし、中央値。「American Housing Survey 2009」。

❷（p.11）ちなみに、small house の他に、tiny house、little house、micro house、compact house、mini house などの類似語があり、中でもタイニーハウス（tiny house）はスモールハウスと同等か、それ以上に頻繁に用いられている。第1章で紹介するシェファーは、トレーラーベースに載せる10平米程度のタイプをタイニーハウス、基礎が固定された数十平米の家族で住める程度の大きさの家をスモールハウスと呼んでいる。しかし、厳密な定義や統一的な使い分けは存在せず、タイニーよりもスモールのほうが日本人に馴染みがあると思われたので、本書では「スモールハウス」で統一した。

❸（p.11）“Small House Movement”。あるいは、“Tiny House Movement”とも呼ばれる。

❹（p.12）ここ数年の平均的な住宅と比べて「比較的小さい家」、という意味を込めて、英語では smaller house（小さめの家）と表現されることも多い。

❺（p.12）着工数自体も、2006年と2008年を比べると、3分の1ほどに激減している。「The United States Census Bureau」。

❻（p.17）注文住宅で４１５４万円、分譲住宅で３８０７万円。「平成23年度住宅市場動向調査報告書」（国土交通省住宅局）。

❼（p.17）３０００万円を金利３％、30年返済で借りると、利息は約１５５３万円。

❽（p.18）「平成20年住宅・土地統計調査」（総務省統計局）。ちなみに、新設住宅の面積は、平成８年の１４０平米をピークに、その後緩やかな下降を示していて、平成23年で１２６平米。「建築着工統計資料」（国土交通省総合政策局）。

❾（p.18）「Housing Statistics in the EU 2010」。

スモール・ハウス

――3坪で手に入れるシンプルで自由な生き方

第1章　小さくても家らしい家

歴史を動かしたスモールハウス

実際にスモールハウスに住んでいる人の例を挙げながら、その魅力について語っていこうと思う。まずは何と言っても、ジェイ・シェファー（Jay Shafer）。

スモールハウスムーブメントというのは、誰か特定の人や団体が始めた運動ではない。つまり、明確な起源みたいなものは存在しない。ここ10年間くらいで複数の人が、それぞれの動機によって同時多発的に始めたものだ。

でも、もしも誰か一人、歴史的なターニングポイントになった人物を挙げるとすれば、間違いなくシェファーだ。

彼が最初に「スモールハウス」と名の付くものを建てたのは、１９９９年。当時はアイオワ大学で美術の教鞭をとっていた。

理由はといえば、「たくさんの物や空間に気を配るのは面倒だ」という他愛もない理由だった。つまり、家に入れるものは少なくていいいし、無用な空間を管理すること

シェファーの建てたスモールハウス。三角の屋根と手前に張り出したポーチの伝統的なフォルムが目を惹く。スモールハウスムーブメントは彼から始まったと言っても過言ではない

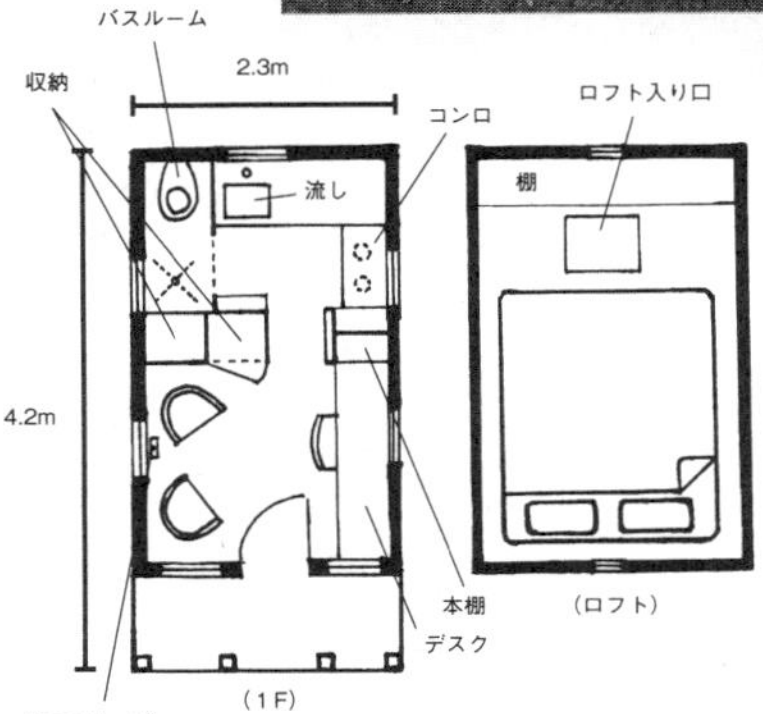

シェファーのスモールハウスの間取り

も御免だ、ということ。

大きさは10平米弱。10平米というのは、なんと、駐車場の白線に囲まれた車一台分のスペース、[1] あれよりさらに小さい。

彼は当時の心境を振り返って、こんな風に語っている。

> 僕は、自分の平穏な暮らしを支えてくれる家が欲しかったのであって、それを支えるために暮らしを捧げなければならないような家を欲しくはなかった。一方で、賃貸という考えは自分にはなかった。借り物じゃなくて、自分色に染めて使える、正真正銘の自分の家が欲しかったんだ。

スモールハウスの存在意義を、過不足なくドンピシャリで表わしたコメントだ。できるなら一生使える自分の城は欲しい。でもお金はあまり払いたくない。じゃあどうするか? 小さいのを作ればいい。ついでに言うなら、空と緑に囲まれた一戸建ての「家」が欲しかったんだと思う。

つまり、彼は一言で言うと「自分が欲しいから作った」ということになる。ところが、そのスモールハウスが大勢の人々の生き方に影響を与え、「ムーブメント」と称されるにまで至る。おそらく本人もそんなことになるとは予想していなかったに違いない。

スモールハウスの構想を練っているとき、彼は家族や恋人にさえ決してそのことを言わなかった。その小さな家は自分だけの楽しみであり、他言することに恥ずかしさすら感じ、他人の共感は得られないと思っていた。

ところが、竣工して住み始めた翌2000年、彼の家は、『ナチュラル・ホーム』という雑誌の年間大賞を受賞、突如としてアメリカ中の注目を集めることとなった。

そう言ってしまうと、なんだか権威によって有名になったみたいに聞こえてしまうが、雑誌の賞の類なんて星の数ほどあるわけで、賞はひとつのきっかけ。やはり、彼のスモールハウスには惹きつけられるものがあるから、話がどんどん大きくなっていったんだと思う。

要らないスペースを引き算したら10平米になった

セダーの外壁に、さび色の窓。それに、三角の屋根と、手前には椅子を置いてくつろげるかわいいポーチまでついて、もうこれは普通の木の家だ。

ドアは人ひとりやっと通れる大きさ。ドアなんて誰かと肩を組んで通るためのものではないから、通れればそれでよし。必要にして十分。

シェファーは自分の設計の手法を「引き算方式」と呼んでいる。あれもこれも欲しいと、欲しいものを足し算して膨らませていくのではなく、まず最初に適当な家をイメージして、そこから不要な設備やスペースをできる限り削っていく。彼は引き算方式の設計について語る際、サン＝テグジュペリの表現を借用している。

完璧なデザインというのは、それ以上加えるものがないときではなく、それ以上取り除くべきものがないときに、初めて達成される。

おそらくドアの大きさも、引き算されたのだろう。

ドアを開けると、目の前にはもう部屋がある。普通の家だったら、玄関があったり、廊下があったり、階段があったりするはずだ。そういうのも全部引き算。通るためだけの空間にお金を払う必要はない。というか、そもそも彼の家全体で、ちょっと広い家の玄関くらいの大きさしかないのだ。

その「部屋」を、彼は「グレートルーム」と呼んでいる。カタカナにしてしまうとちょっとダサい名前だが、英語だと（great room）洒落た響きなんだと思う（たぶん）。グレートルームというのは、要は、なんでもできる万能の部屋。リビングであり、ダイニングであり、仕事部屋であり、客室でさえある。ソファと椅子と両方あるので、普段くつろいでる時はソファで、気合入れて仕事しようって時には椅子と机を使う。折りたたみのテーブルもあって、大人4人で食事したこともあるらしい。

ひとつの空間をあらゆる用途に使うのは、家を小さくするための基本的な方法だと思う。たとえば、年に何度かしか使わないゲストルームであるとか、リビングとは別にダイニングを設《しつら》えるとか、そういった、なくてもすむものはどんどん住宅から引き算していく。

そうすると結局、残るのは、キッチン、バスルーム、ベッドルームと、残りのすべての用途に用いる万能の部屋がひとつ。

家族用の家ではそういうわけにはいかないかもしれないが、でも、参考になるところもあると思う。

昔はただひとつの部屋が、普段は家族が屯《たむろ》するリビングであり、囲炉裏を暖めればキッチンになり、膳を並べればダイニングになり、座布団を敷けばゲストルームになり、裁縫道具を広げれば仕事部屋になり、布団を敷けばベッドルームになった。それが当たり前だった。現代でも、衛生上、水周りやベッドルームは別にするとしても、他はひとつか二つで間に合うんじゃないだろうか。

部屋数を増やすのは子供のためであるという人も多い。しかし、子供に部屋が必要な期間というのは、小学校に入ってから成人になるまでのせいぜい十数年間だ。子供が巣立ってからがらんどうの部屋をいくつも抱えたまま、なんとなくもったいないから適当に物を入れてみたりしつつ、結局、残りの何十年間かは特に何に使うでもなく

グレートルームには、小型のガスストーブとシンプルなソファが２つ

そのままになる。

それならいっそのことスモールハウスの特性を活かして、子供の思春期だけ離れを作ったりすることもできる。あるいは、子供が巣立ったら早々にダウンサイジングするのもひとつの手だ。

実際、大きくなってきた子供にプライベートな空間を与えたり、子供の手が離れた初老の夫婦が新たに生活を始めたりするケースも、スモールハウスの大きな需要になっている。離れとしてのスモールハウスは、母屋そのものを増築するより安くあがるし、将来的に不要になったらきれいさっぱり手放すことができる。また、高齢になると広いスペースを掃除するのも大変だし、大きな家は売り払って適当なサイズのスモールハウスに移り住むことで、生活全体をコンパクトにすることができる。

とはいえ、これは3坪じゃなくて、たとえば10坪やそれ以上のスモールハウスの話。家族生活となるとこの本で主題としているようなスモールハウスの話とズレてきてしまうので、あまり話を広げないようにしていこう。

必要なものはすべて揃っている

さて、その万能のグレートルームの真ん中には、すごくコンパクトなガスストーブがある。そのストーブだけで真冬でも家全体がポカポカ。ガス代は毎月せいぜい数百円ですむ。

別荘のような使い方を考えている人の中には薪ストーブに憧れる人もいるかもしれないが、シェファーはいろいろ考えてスモールハウスでは小さいガスストーブの使い勝手が良いと判断したようだ。暖まるのはガスのほうが早いし、薪がいつでも手に入るとは限らないし、あとは、どうしても煤煙《ばいえん》で部屋が汚れてしまう。

シェファーのガスストーブは、日本で主流のガス・石油ストーブと違って、ちゃんと排気管がついている。熱気を逃がしてしまうのでもったいないといえばもったいないが、熱より酸素のほうが大事だ。特に、スモールハウスのような狭い空間では、酸欠で脳細胞が死滅してしまう。欧米ではスモールハウスに限らず、家の中で煙突のない石油ストーブを使うことはあまり一般的ではないようだ。

一番効率のいい暖房方法は、太陽光を直接採り入れることだという。外に面したガラス窓を全面に設置できるスモールハウスは、自然光の利用にうってつけだ。実際、シェファーの家も全方位に窓を設置している。

熱が逃げていくのも窓からだと言うから、一番賢いのは二重ガラスにすることだ。光は入ってくるし、熱は逃げにくい。何より、窓が多いのは気分がいい。


室内は明るい松材で統一されている。隠し扉のような収納がいくつも備わっていて、無意味に存在している空間は一切ない。

キッチンとグレートルームを分かつ仕切りも、単なる壁ではなく、本棚と収納棚になっている。本棚には美術や建築関係の本、収納棚には調理用のスパイスや食器が並んでいる。

キッチンはと言うと、2口のガスコンロに、流し、小さな冷蔵庫やオーブンが備え付けられている。電気は1999年当時はソーラーパネルを使っていたらしいが、現在は普通に電線を引いている。

最奥にはバスルーム。トイレは水を使わないコンポストトイレ、シャワーは天井に

リビングからキッチンを望む。壁は一面収納になっている

タンクを置いて自然落下させる原始的な仕組みだ。

もっとも、シェファー自身が常に強調しているように、一般人がいささか抵抗感を覚えるであろうこれらの設備は、彼がたまたまそれを選んだというだけのことであって、別に、望むならウォッシュレットを完備したって、ジャグジー付きのバスタブを設えたってかまわない。ただ、シェファーは上下水の配管の要らないこのミニマムな仕様がお気に入りだという。


キッチンの上にはマンホールくらいの穴があいていて、はしごをかけるとクイーンサイズベッドのある居心地の良いスリーピングロフトへと誘ってくれる。

ベッドと言っても、要は布団だ。英語でもフトン（futon）とか日本式（Japanese style）と言う。もう需要はないんじゃないかと思われていたジャパニーズ・フトンがこんなところで復活するとは。もちろん、彼らは畳んだりしない。敷きっ放し。

ロフトは10寸屋根（角度が45度の屋根）の屋根裏を丸々使った形になっていて、これはスモールハウスで非常によく見られる間取りだ。なにしろ寝るのは体が横に入りさえすれば寝られる。シェファーは昔、彼女と一緒にロフトで寝て、彼女が朝起きて屋根に頭をぶつけたなんて言ってたけど……。

小さな流しとバスルーム

こんな屋根裏部屋というか、まさに屋根の裏側で寝たら、雨音が気になるんじゃないだろうか、と心配する人もいるかもしれない。でも、スモールハウスに住む人たちは、「雨音を聞きながら寝ることができる」と、まるで特権であるかのように語っている。

ミニマムな暮らしはしたいけど……

少し時系列が前後するが、シェファーがスモールハウスを建てるまでのことを話そうと思う。

彼は昔、いわゆるトレーラーハウスに住んでいた。エアストリームという、輪郭が滑らかで、シルバーの、よくアメリカ映画に出てくるタイプのトレーラーハウスだ。

日本ではトレーラーハウスを目にすることはほとんどないから、トレーラーハウス暮らしというと、お金があるとかないとかいうよりも、ちょっと変わり者だと思われてしまう。しかし、アメリカのトレーラーハウス暮らしというのは、今も昔もまさに

シェファーがスモールハウスを作る前に住んでいたトレーラーハウス

貧困層の象徴だ。

ただ、シェファー自身は特にお金に困っていたわけではないようだ。単にそういうミニマムな暮らしが好きだったという。

それは彼の幼い頃からの憧れで、というのも、子供の頃に家族数人で住むには大きすぎる家の掃除やらペンキ塗りやらをやらされたらしい。遊んだり本を読んだりする時間がなくて、「自分は将来、もっと小さい家で自由に暮らそう」と密かに企んでいた。それを、そのまま実現してしまった。

それで、彼はトレーラーハウス

で自由気ままな生活を送っていたんだけど、ひとつ問題があった。あんまり快適じゃなかったらしい。

エアストリームというのはアルミで作られている。だから結露が酷くて、断熱材を施したりしてみたが根本的な解決にはならなかった。初めて迎えた冬で、彼は市販のキャンピングトレーラーは永住用にはできていない、と悟った。トレーラーにもよるのかもしれないが、とにかく、こんなところにずっと住んではいられないと思った。

でも、ミニマムな生活は続けたかった。それで彼は、一般の住宅と同じクオリティで、キャンピングトレーラーと同じくらいの小さな住居を作れないだろうか、と考え始めた。それが彼のスモールハウスの、ちょっと誇張して言うならスモールハウスムーブメントの、始まりだった。

もっとも、彼はいわゆる建築士でもなければ、特別な大工経験があったわけでもない。美術をやっていたので、多少のデザインの心得があったくらいだ。彼は後にスモールハウスに関するトークイベントで、「高校の頃、建築の授業をとったけど、評価はたしかCだったよ」と言って聴衆の笑いを誘っている。

そんなわけで、当時の彼は建築規則すらおぼつかなかった。その建築規則の中に「家の大きさの最低基準」というのがあったらしい。彼が最初に設計した家は、その最低基準の3分の1しかなかったという。つまり、小さすぎたのだ。

市民的不服従

この「家の大きさの最低基準」というアメリカならではの規則、これに対する怒りが、むしろシェファーの創造力に火を点けたようだ。彼の取った解決策は、建築規則を回避するためにトレーラーの上にまともに家を建ててしまうという方法だった。つまり、いつでも動かせる車輪付きの家。

だから、さっき紹介したシェファーのスモールハウスも、構造上および法律上はトレーラーハウスということになる。トレーラーハウスにもいろいろ制約はあったが、[2]何とかクリアして本当に建ててしまった。

トレーラーベースの上に木材を使って建築してしまったシェファーの行動を、「市民的不服従」と形容して賞賛する人たちもいる。

市民的不服従というのは、自らの信念に反する法律や圧力に関して、それらの発動源である権力や政府を暴力や暴言によって攻撃することなく、淡々と拒否することをいう。独立のためにイギリスの綿製品を放棄したガンジーや、奴隷制度や戦争のために使われるような納税を拒否したソローなどが有名だ。

ガンジーやソローは、信念を貫徹するために時として法を犯さなければならないこともあり、牢屋に入れられたりした。しかし、シェファーはうまく法制度を回避する抜け道を見つけて、「小さい家は建てるべからず」という圧力に対して、事実上の不服従をデモンストレートしてみせた。

スモールハウスムーブメントがさらに広がりを見せれば、「家の大きさの最低基準」という法律のほうが歪《いびつ》なものに感じるようになる。彼の考えが常軌を逸していたのか、建築規則が理不尽だったのかは、時代が判断することになるだろう。

勾配のある屋根と、陰を落とす庇《ひさし》

シェファー本人も言っているとおり、彼のアイデア自体に決定的な新しさがあったわけではない。小さく住むことはもちろんのこと、トレーラーの上に住居を構える方法も、実際には多くの人がやっていたことだ。では、なぜ彼の家がそんなに有名になったのか？

それは、ずばり、その「家らしさ」だ。

従来のトレーラーハウスというのは、小さいだけではなく、伝統的な「家屋」とは別の種類の、なんというか、箱というか、機械というか、とにかく、それを手に入れることは「家を構える」という感覚には程遠かった。

一方、シェファーの家の三角の屋根と木の質感には、見る者を安心させてくれる力がある。実際、彼の家はその後星の数ほど作られることになるスモールハウスの原型となった。彼は「シンプルに安く仕上げたかったら、どうして立方体の箱型にしなかったんだ」と問われ、こう答えている。

> 生活をシンプルにしようとするとき、最も難しいのは、何が自分の幸せに結びつくか見極めて、それ以外の余分なものから逃れることだ。僕は、勾配のある屋根と、陰を落とす庇が好きなんだ。それは幸せに結びつくものであって、余分なものじゃない。

量より質を

シェファーは、趣味が昂じて、スモールハウスを専門に扱うTumbleweed Tiny House Companyという会社を立ち上げている。一番小さいもので約6平米から、家族用の50平米くらいのものまで、数十種類のスモールハウスを扱っている。もちろんオーダーメイドも可能だ。

冒頭で紹介したタイプの家も商品として売られている。そのお値段約370万円。これは、受け取ったその日から住むことのできる完成品での値段で、デスクや収納はもちろんのこと、ガスヒーターや冷蔵庫、コンロや流し、温水器、公共の水道管に繋ぐことのできる給排水設備、市販の電力を使える電気設備まですべて整っている。

材料と設計図、つまりキット価格では約160万円。この価格には諸々《もろもろ》の手数料や会社としての儲けが含まれているから、シェファー自身が自分の家を建てたときの材料費はだいたい100万円といったところだ。

３７０万円というのは、おそらく多くの社会人にとってはローンを組む必要すらなさそうな金額だが、単純に坪単価を計算すると完成品で坪約１５０万円になる。これは、かなり高級な家の数字だ。実際、経済的理由から安価な家を求めている一部の人たちにとっては、Tumbleweed 社の商品はまだまだ高価であるという批判もある。

しかし、この数字にはいくつか理由がある。

まず、家は狭ければ狭いほど坪単価は高くなる。これは仕方がない。坪単価を下げるためには、なるべく広い部屋をいくつも付け加えればいいのだから。つまり、スモールハウスには小さい空間に機能が凝縮されている、と解釈できる。そもそも「坪単価」という考え方自体が、非スモールハウス的だ。

それから、大手ハウスメーカーのローコスト住宅のように、似たような家をいくつも建てることでコスト削減をはかることが（今のところ）できない。いわゆる、分担作業と大量生産という現代産業の常套手段だ。一つひとつ手作りで仕上げる町工場的な商品はどうしても値段が高くなってしまうから、これも仕方がない。この点に関しては、スモールハウスのニーズが拡大することで徐々に解決されていくのではないだろうか。

ただし、分業体制によって同じやり方で対抗していくよりは、軽い日曜大工のノウハウを共有し、可能な範囲でセルフビルドする方向が良いという考え方もある。それができるのがスモールハウスだ。分業についてはまた後で触れる。

坪単価が高い何よりの理由は、シェファーがそもそも節約を念頭にスモールハウスを作っているわけではないということにある。むしろ、小さい分お金をかけて贅沢に暮らすことができる、そういうスタンスだ。

彼のモットーは、「量より質を」だ。安くあげるために小さくするのではなく、普通の家と同じクオリティのものを、時にはもっと高級なものを使うために小さくする。これは、一般のトレーラーハウスの考え方とまったく逆だ。Tumbleweed社の商品も、建材のクオリティを下げてコストダウンしようと思えばいくらでもできるが（現在の価格の半分以下にすらできるとシェファーは言ってる）、それは彼が目指しているところではないらしい。

たとえば、彼の家は屋根も含めて全面がポリスチレンのフォーム材で断熱されていて、安物のトレーラーのように結露したりしない。あるいは、正面上部に掲げられたアーチ状の小さな窓、これひとつで5万円するという。いくらでもコストカットできる部分だが、美的観点から言って譲れないのだそうだ。

オープンハウスのために公道を移動中。別の場所で製作して運んでくることもできるし、引越しも簡単

スモールハウスムーブメントのひとつの新しさは、小さく住みつつ、しかしそのクオリティにまったく妥協せず、シンプルかつ贅沢に過ごす、という点だ。工場で、迅速に、安価に、大量に製造される、貧困の象徴としてのトレーラーハウスではなく、材質的にも、機能的にも、外観的にも、一般の住宅に劣らないスモールハウスで生活する。

シェファーいわく、「スモール」な商品がさまざまな分野の市場を席巻している中で、住宅分野における「スモール」、つまりスモールハウスのマーケットも、ま

だまだ小さく未開拓だが、確実に拡大しているという。❸

❶（p.28）日本の普通車用の駐車場の大きさは、標準で2・5m×5・0m＝12・5平米。

❷（p.43）トレーラーの大きさには定められた最小限度はなく、最大限度のみが決められている。外部からライフラインを繋ぐ際に取り外せるようにするなど、若干の規定がある（州や地方による）。一方、トレーラーハウスなら、必ずしも現地で作る必要はなく、基礎も不要で、作ってからも気分や必要に応じて住む場所を変えられるなどの利点がある。日本では、建築物の大きさの最低ラインなどはないが、トレーラーハウスに関しては同様の規定がある。

❸（p.50）スモールハウスそのものだけでなく、設計図や関連書籍、ワークショップなどの顧客は増える一方であるという。たとえば、設計図に関しては、会社設立当初は年に数枚しか売れなかったが、2008年には100枚近く、2011年には1000枚以上の売れ行きであった。

第2章　物を持たない暮らし

シンプルな生活で、人生の仕切り直し

続いて紹介するのは、なんと、体重100キロの大男だ。スモールハウスに住み始めた頃は、150キロあったらしい。でも、スモールハウスに住むようになってから50キロも痩せたのだという。なんだか因果関係の怪しい「壺を買ったら彼女ができた」みたいな話だが、まぁ聞いてほしい。

彼の名前は、グレゴリー・ジョンソン（Gregory Johnson）。彼もまた、スモールハウスに出会って人生を変えた人の一人だ。

実は、「壺を買ったら彼女ができた」はまんざらデタラメばかりでもない。なんと、ジョンソンはスモールハウスを買ったら彼女ができて、結婚（再婚）してしまったのだ。ご利益《りやく》があるんだよ、スモールハウスには！

ご利益は冗談だけど、彼がスモールハウスに住もうと思ったのは、自分の生き方を一度リセットしてやり直そうと思ったからだ。買えばすべてがうまくいく魔法の力はないけれど、そういったリスタートの決意を支えてくれる力が、スモールハウスにはあるんじゃないだろうか。だから、ダイエットしたのも、結婚したのも、因果関係がないどころか大ありだと思う。

ジョンソンは、スモールハウスでの経験とノウハウを彼の著書にまとめている。その書き出しが、こうだ。

> ２００３年に、私は、シンプルな生活へと向かう旅路の最も重要なステップを踏んだ。13平米のオフグリッドな家に引っ越すことを決めたんだ。

彼は「人生を丸ごとダイエットする」という大きなテーマを掲げていて、そのきっかけになり得るものとしてスモールハウスが位置付けられている。

「オフグリッド」というのは、日本語で「独立型」などと訳されるが、外部から配線や配管によって電気や水の供給を受けていない家のことを指す。彼の場合、水はタンクに入れて運び込み、電気はバッテリーに貯めたものを持ち込んで使っていた。

どこから運び込んでいたのか？　実は、ジョンソンの家は父親の家の庭に設置されていた。庭と言っても、日本の庭と違ってかなり大きな庭だったらしいが。反則じゃないか！　って、まぁ、細かいことはどうだっていい。僕らがやるときは、別の方法を考えればいいだけだ。それより、彼の生活もいろいろと示唆を与えてくれる。

彼の家の13平米という数字はベッドスペースであるロフトを含めた数字で、家としての占有面積はその半分、約7平米しかない。つまり、駐車場の車一台分の面積（12・5平米）の、さらに半分！　その家に、100キロ、いや当初は150キロの巨漢だったジョンソンが、6年間も住んでいた。

彼は自分のスモールハウスのことを「移動式隠れ家」と呼んでいる。スモールハウスの住人たちは、何かと自分の部屋や家や生活に名前を付けたがる。これは面白い傾向だ。端的にその家や生活が好きなんだろうけど、それ以上に、自分の頭と手で自分だけの生活を作り上げた、あるいは、これから作り上げるぞ、という意識が強いんじゃないかと思う。

スモールハウスを手に入れるまでのジョンソンは、仕事で時間とエネルギーを使い果たし、また、不摂生によって太り過ぎていた。離婚というプライベートの事情も重なり、生活は荒れる一方だった。自分のことで精一杯で、社会のこと、地球環境のこ

ジョンソンと並ぶと、スモールハウスはさらに小さく見える

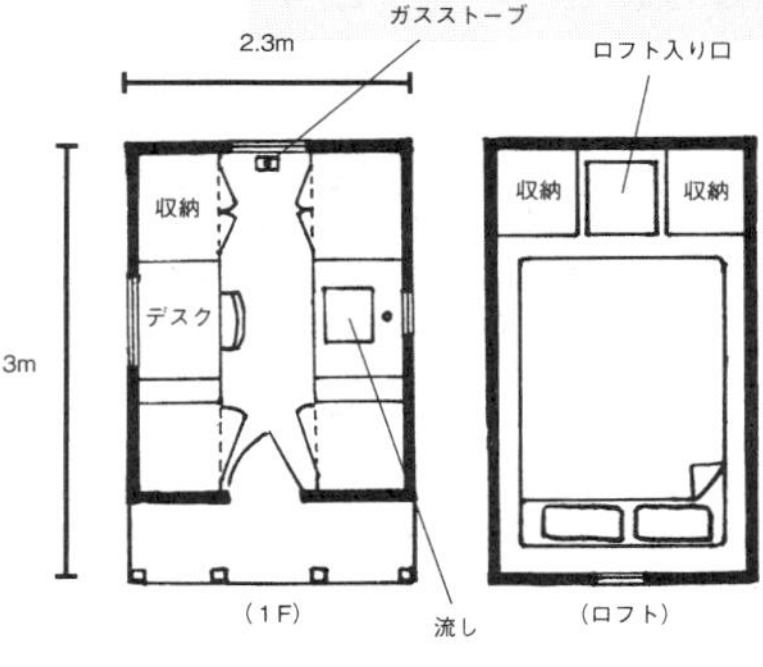

ジョンソンのスモールハウスの間取り

とを考える余裕もなかった。そして何より、そういった自分に不満を抱いていた。何とかしたいと思っていた。

それで彼は変化を求め、一体どうしてこんな不満な状況にあるのか、お金と時間の使い方を、つまり、自分が何を優先して生きているのかを見直し始めた。

その頃すでに、第1章で紹介したシェファーは自分の経験をベースにスモールハウスを売る会社を立ち上げていた。ジョンソンはそのアイデアを一目見て、シェファーのスモールハウスであれば一度生活のすべてを白紙に戻し、自分の納得できる理想的な生活を構築し、人生を再起することができるだろうと確信した。

ジョンソンはシェファーにキット商品を注文し、それをセルフビルドした。素人だったから、シェファーにも手伝ってもらったらしい。お値段約120万円。

彼はその後、物理的に小さな空間に移ると共に、自分と自分の生活すべてをその小さな空間にフィットするように仕立て直していった。

「移動式隠れ家」の中にあるものは、デスク、流し、ベッド、そしていくつかの収納、これで全部。彼の作ったスモールハウスが、他のスモールハウスと比べても特にシンプルな間取りになっているのは、そういった自己修練的な動機があったためだと思う。

身軽でストレスのない生活

「自分が何を優先して生きているか」を見直す際に、彼は特に所有物との付き合い方を見直すよう、提言している。

> いらない物をはぎ取っていくことから始めるんだよ。そうすれば、自分が物より優位な立場にあることがはっきりしてくる。

今、自分が買ったり持ったりしている物は、本当に必要か？　ストレスの捌《は》け口として買ったり、惰性で持っていたりしていないだろうか？　これを買いたいと思ったときの自分は、新しい生活に相応《ふさわ》しい自分か？　そんな風に見直していったんだと思う。

「所有」はスモールハウスムーブメントにとって最も重要なキーワードだ。なにしろ、大きな家というのはいわば所有の牙城だ。何がなんでも所有しなければならない時代だったら、なるべく大きくて頑丈な家はなくてはならないものだ。この対偶を取るとどうなるか？　小さな家でいいという人が出てきてるってことは、何から何まで個人が所有しなければならない時代じゃなくなったということ。

つまり、「家は小さくていい」という考え方の根底には、多かれ少なかれ、「家に蓄えておく物は少なくていい」という所有欲の薄れがあると思う。これはひとえに、豊かで、平和で、安定した社会が生み出してくれる気楽さだ。

冬に備えて穀物を蓄えておく必要もないし、戦時中のようにミサイルが降ってきて店から商品が消え都市機能が麻痺してしまうことや、明日突然お金が紙くずに変わってしまうこともまずありえない。食料を大量に蓄えておくよりも、新鮮なものをスーパーに買いに行ったほうがいい。いつ着るかわからない服を箱に詰めて何箱も取っておくよりは、必要と感じたときに、その時のニーズと気分に一番合ったものを購入したほうがいい。

ひとたび人々の生存が保障され社会全体が豊かになってくると、物の量よりも取捨選択のほうが重要になってくる。貧しい時代、貧しい国では、何であれとりあえず蓄えておこうという本能が働く。ところが、手に入れようと思えばほとんど無尽蔵に物が手に入る時代では、経済力の許すままに消費活動を行なっていると家の中はたちまち物で溢れかえってしまう。

ましてや「売れることが正義」という自由主義経済下、大して意味のない健康器具や化粧品をどうやって飾り付けて大量に売ってやろうかと、企業の熱気がムンムンしている。こうした中で必要とされているのは、物を買うセンスよりも買わないセンス、手に入れる技術よりも捨てる技術、情報収集能力よりも情報遮断能力だ。

そう、問題は、豊かになっているだけじゃなくて、十分に足りていたり必要なかったりするのに、それでも何とか買わせようと「ビジネスマン」と呼ばれる人種が躍起になっていることだ。そうすると、「物は少なくていい」なんて、のん気なことは言っていられなくなって、「物は少ないほうがいい」ということになって、能動的に物を排除しなければならなくなってくる。

ジョンソンの「脱所有」は徹底していた。なんと、スモールハウスに引っ越すと共に、車まで売ってしまった。代わりに自転車を多く使って、何かしらのイベントでどうしても必要なときはレンタカーを使った。

たしかに車は便利だが、一台所有するだけで本当に面倒が増える。ドア・トゥ・ドアの超高速移動で節約できる時間の代わりに、購入費150万円と毎年の税金・ガソリン代数十万円を稼がなきゃならない。駐車のための土地代は、場所によっては車本体の価格以上になる。ガソリンの量とキーの所在を常に気にかけていなければならないし、定期的な掃除とメンテナンスが必要だ。日本の自動車学校はあり得ないくらいの時間とお金をとるし、やれ免許の更新だ、ナンバーの届出がどうだとうるさい。最近では廃車にすら何万円もかかるのだというからたまらない。

車は極端な例だが、どんな物でも多かれ少なかれ「本当にこれによって僕らは楽できてるのか?」と疑いたくなることがしょっちゅうだと思う。

物は先人から知識を受け継いで時間をかけて作るか、働いてお金を貯めて買うか借りるかしなければならない。手に入れてからも、他人に盗まれない置き場を確保し、その物を管理し、使い方を覚え、適切なタイミングで応用し、ときには修理しなければならず、物によっては税金がかかったり勝手に捨てられなかったりすることすらある。

つまり、生活水準を上げたり道具を使ったりすることによって、それを維持し、使い続けていくためには相応の資金や労力が必要となり、それらの物が存在して稼動している限り、その物を所有して支配しているつもりでも、実際は物のほうが人間の行動様式を支配していることになる。

僕らは物や道具に頼って生きている。これは紛れもない事実だ。でも、何かの作業や役目を物に任せて自分たちは自由の身になれたかというと、実は全然そんなことなっていってこと。そんなものが周りにゴチャゴチャと溢れていたら、そりゃあ息も詰まる。

僕は、バックパック一個で生きていけたらどんなに幸せかと思う。僕だけじゃなくて、誰でも、ボヘミアン的というか、スナフキン的というか、バックパックひとつの中に必要なものをすべて詰め込んで、何にも縛られず旅暮らしをしたいと、少しは思うんじゃないだろうか。

豊かな社会では個人の物離れが進む

物を所有するのは、必ずしも「必要だから」という理由からだけじゃない。多かれ少なかれ、富やステータスの象徴としての側面を持っていると思う。鞄にスーツ、腕時計に車。これらを買うときに、他人からどう見えるかを意識しないで買う人は、ほとんどいないんじゃないだろうか。

たしかに、北朝鮮ではロレックスの時計でも持っていれば、それだけで一目置かれる。あぁ、彼は何か特別な立場にいる人なんだな、と思われる。ところが、豊かな国では物はステータスとして機能しない。ロレックスの時計だろうが、黒塗りのテカテカした車だろうが、それを持ってるからと言って何の自慢にもならない。

まぁ、そこまで豊かな国はまだ地球上には存在しないと思うから、あまり共感してもらえないかもしれないが、程度の問題で、要は、物質的に豊かな国では物質的な豊かさの価値は下がる。中途半端に豊かな国の人間が、服だの時計だのをステータスとして買い漁る。

豊かな国では、服は必要に足るものが何着かあればいいし、オートトレースできるようなエンジンを備えた車を買う必要もない。軽自動車に乗っている社長さんはかっこいい、そんな風潮すらうかがえる。

この感覚は、おそらくちょうど今、変遷期にある。戦後から半世紀以上が経ったとはいえ、人類の歴史からすれば所詮は半世紀だ。「富まなければやられる」という競争感覚と、「これ以上物質的に豊かになってどうするんだ」という戸惑いとが、入り混じっている。これが、スモールハウスムーブメントが富国アメリカを震源地としている大きな理由のひとつだ。

そんなこんなで、所有欲が減退していて、「所有の牙城」としての家も小さくていいと思う人が出始めている。

これまで述べてきたことは、家自体にもあてはまる。家は、所有の牙城である前に、大きな所有物だからね。え？　忘れてた？　そう、家ってあまりに大きすぎるから、持ってることすら忘れてしまう。

あまり大きな家を持っていても、今の時代、自慢にならない。それより、機能がギュギュッと凝縮された感じのコンパクトな家のほうが、スマートで魅力的に見えるんじゃないだろうか。

ありきたりな例だが、インドとか貧しい国だと太った人のほうがモテると言う。イザと言うときは脂肪が命綱だし、いいもの食べてる証拠でもあるし。ところが「イザと言うとき」があり得ないアメリカなどの豊かな国では、脂肪は単なるお荷物、自己管理ができていない証拠とされている。家も同じなんじゃないだろうか。

それから、手に入れる大変さも、手に入れてからの大変さも、家は自動車の比じゃない。まず、掃除が大変だ。それから、長年使っていればいろいろ不具合が生じて、メンテナンスが必要になる。かかってくる税金も、車とは一桁違う。何より、目ン玉が飛び出るくらい高いのだから、相当借金しなきゃ買えない。どのくらいの借金か？一生かけて返す借金だ。

つまり、大きな家というのは、毎月必ず出て行く固定費や、定期的にしなければならない雑用、いわば固定労力を、とんでもなく増やす。

仕事は大変だけどローン払わなきゃいけないし……とか、日曜はゆっくり寝ていたいけど部屋の掃除と庭の手入れもしなきゃ……とか、これって誰がどう考えてもおかしい。家って、雨風凌《しの》いで安全快適に寝るための道具じゃなかったのか？　いちいち洞窟を探さずに、自由と安全を確保するための空間なんじゃないのか？

古今東西、そんなのおかしいって、偉い人も偉くない人もみんな言ってきた。歴史的偉人の言葉より、シェファーがポロッと呟いた言葉のほうが説得力があるだろう。彼の言葉を拝借しておこう。

大きすぎる家屋は、家というよりは、債務者の監獄だよ。

なにも、宇宙全体の大きさを選ぶわけじゃない。3坪の宇宙か30坪の宇宙かだったら、僕は後者を選ぶ。あんまり狭かったらつまらないからね。選ぶのは宇宙の大きさじゃなくて、自分が責任を持って管理しなければならないスペースの大きさだ。3坪だろうが、30坪だろうが、家から一歩外に出れば、そこにはすべての人間に平等な広大な世界が広がっている。何の文句もない。

小さな家で過剰な消費活動から距離を置く

物のない生活に憧れても、スモールハウスに引っ越すと同時に所有物を何もかも手放すという決心をするのは、かなり覚悟の要ることだ。ジョンソンは、そんなオー

スモールハウスに納まるくらいの所有物で生活する

ル・オア・ナッシングのやり方に疑問を抱いていて、彼の選んだ方法は、トランクルームなどを使って生活空間と収納空間を完全に分けてしまう方法だった。

物が目に入らない状態、頭から消えている状態で生活を続け、不要であると心から気付いたならば、そのとき初めて手放すことを決めればいい。そうして、衝動的に手放すのではなく、段階的に物と距離を取りつつ、自分の内面の変化を観察してみる。これは、実際に物を捨てずに、物を入れないとなると家というのはこんなに小さくていいんだ、と実感できるうまい方法だ。

大の男が物に対してまるで恋愛関係にでもあるかのように、距離を置いたり、別れたり、といった試行錯誤を繰り返している。先進諸国の現代人が物との関係においていかに繊細になっているのか、よくわかる。

でもこれ、全然他人事《ひとごと》じゃない。物に対して繊細になっている部分って、誰しも思い当たる節があるんじゃないだろうか。物を持つことの、重たさというか、疲労感というか、それによって何かできることが増えたはずなのに、全然自由になった感じがしない、あの抑鬱感。

理由はいろいろあるだろうけど、まず、物は例外なく資本だ。つまり、作ったり買ったりした時点では、時間やお金を損している。それで、その損を取り戻すためには、その後、その物をガンガン活用していかなければならない。

そうすると、それを買った時の目的と計画によって、過去と現在の価値観が固定されて、未来が決まってしまう。自分自身の価値観に変化があっても、物はそれについてきてくれない。そうして、自分と周囲の物が織り成す環境とが、徐々に不協和音を奏で始める。

「シンプル」とか「脱所有」とか「捨てる」といったことが日本で（たぶん世界中の先進国で）囁《ささや》かれ始めて長いんじゃないかと思うが、それは、家の広さに対して物が多すぎるとか、収納スペースが足りないとか、散らかって困るといった単純な話じゃないだろう。それよりも、物に支配されて窮屈に凝り固まった精神を解放したいという、人間性を賭けた切実な要求なのではないだろうか。

毎朝起きて「何か違うな」と思いつつも、がっちりと固められた生活に引きずられて、何もできずにいる。そういう人たちが溢れているから、「シンプルライフ」には訴えかけるものがあるんだろう。

だから、「家を小さくしちゃったら、家の中が余計に煩雑になって、頭が混乱しちゃうんじゃないか？」と心配している人もいるかもしれないが、そんなのまったく関係ないと思う。家を大きくして、物をジャンジャン入れられるようになったら、それこそ悲劇だ。クローゼットや押入れ、食器棚に眠ることになる数多の物は、ろくに使わない無駄な物を買ってしまったことの証として、頭の片隅に罪悪感と共に居座り続けるだろう。

一方、家を小さくすることで、所有している物を一度リセットして、自分と新しい

小型のガスストーブを挟んで、右手が流し、左手がワークスペース

環境とを調和させることができる。調和が乱れても、物の数が少なければ修正することは簡単だ。

考えてみてほしい。自分の家が3坪しかなかったら、服だのインテリアだのをなんとなく買う気になるだろうか。それどころか、ショッピングモールに足を運ぶという時間の使い方すら排除されるだろう。

だいたい、買い物ってどうしてあんなに疲れるものになってしまったんだろう。買い物さえしなければ、商品に関する情報を整理し、店員と格闘し、どれかひとつに決めて、家まで抱えて持ってくる、あの異様な疲労感を味わう必要はなくなる。お金も減らないし、いいことずくめだ。

新しく家に迎え入れる物は、限られたスペースを分け与える価値のある物だけ。自分と生活を共にするくらい価値のある物はどれか？　そういう視点で日々を過ごすことになる。所有スペース自体をダウンサイジングして、余計な物を相手にしている暇はないのだということを明確にしておく。

そうすると、残る物は何か？

残る物は、これがなければ生活に支障をきたすという最低限の物と、自分が共に生活したいと心から思える物だけだ。これすなわち、シンプルライフ。

自分の管理外にあるサービスをうまく使う

ジョンソンの「移動式隠れ家」に話を戻そう。

「移動式」というだけあって、厳密には建築物じゃないから固定資産税はかからない。代わりに、トレーラーの車両登録のために年に3000円の更新料を支払う。固定資産税がかからないのも、スモールハウスのメリットだ。小さい家ならかかってもたいした額ではないわけだが、それでも、3000円とは一桁以上違ってくる。

小さい分、質にこだわることができるという考え方も、シェファーと同じだ。屋根には、なるべく耐久性があって、ほとんどメンテナンスを必要としない金属板を用いており、窓は断熱性を重視して二重ガラスになっている。

窓が20枚必要なら、安いのを選ばなきゃならない。でも、4枚だったら、一番気に入ったものを買うことができるよね。

それから、彼の使っているバッテリーの容量はずいぶん小さいが、ノートパソコン程度の機器なら、長時間動かすことが可能だ。

テレビやインターネットなどのメディアツールとなるのはもちろん、映画や音楽といったエンターテイメントを楽しんだり、プライベートな写真やビデオなどの記録も含め、すべてとは言わないまでも、ほとんどノートパソコン一台でまかなえる時代だ。デジタル化は小さな空間で暮らしていくための強い味方になる。

ジョンソンは、職業柄、デジタルデータの扱いに秀でていて、彼のパソコンの中は一種の博物館のような状態だったらしい。それも、いつでも必要なデータにアクセスできるように、極めてシンプルかつ体系的に整理されていたようだ。

彼の家にはパソコン以外の電化製品はほとんどなくて、夏の暑い日に扇風機を使うだけだった。その扇風機すら、昼夜の窓の開け閉めによって受動的な[1]温度管理を促すことで、ほとんど必要ない。結局、家では電気なんてほとんど使わなくてすむというのが、6年間住んだ上での結論のようだ。

ただし、このようなオフグリッドに関する選択は、シェファーのコンポストトイレ

ジョンソン邸の階下には、パソコンを使うためのワークスペースがある

と同様、ジョンソンがそれを選んだというだけのことであって、電線を繋いでハイテク機器をバリバリ動かすこともできる。この本には冷暖房完備している家は出てこないが、スモールハウスと生活水準の高い低いとはとりあえず別物だから、適宜読み替えていただきたい。

そんな不便な場所で、本当に生活できるのだろうか？

たしかに、普通の家のように必要な家事をすべて屋内でこなすことは、少なくともジョンソンのスモールハウスでは無理だ。その代わりに、彼は生活に必要な多くの事物を外部に依存していた。彼自身はそのことを「アウトソーシング（外注）」と呼んで積極的に捉えている。

朝5時に起床して、軽いストレッチと瞑想の後、ジムに行ってシャワーを浴び、仕事着に着替えて出勤する。食事は外でいくらでもとれるし、洗濯が必要ならコインランドリーを使えばいいし、図書館を巨大な本棚として使えばいい。

コンピューターコンサルタントとして一定の収入があった彼にとっては、商業的サービスを利用することによる金銭的デメリットよりも、それらを通じて多くの人間と交流できること、また、物や空間を共有することによる環境資源への配慮、地域社会への貢献、そして何より、それらのすべてが自分の管理・責任の外部にあるという気楽さのほうが、ずっと大きなメリットとして働いたようだ。

「所有する」ということは、自分がいつでも使用可能な状態にする、ということである。ところが現代では、いつでも街に出れば必要なサービスは一通り揃っているわけで、個人が所有することの意味は薄れてきている。商業的サービスや公共的サービスに依存することで、自分自身は身軽になることができる。

富裕層にも人気がある

そう、実は、スモールハウスは富裕層にも人気がある。

シンプルという概念を声高に叫んだり、象徴的な形で実行したりするのは、根っからの貧乏人というよりも、むしろ、裕福で生活水準を選べる人たちであることが多いのかもしれない。

社会的な成功者になるためには、湯水の如き知識や情報、法律や社会常識などによって、自分自身の思考を一歩一歩形づくっていく必要がある。それから、その思考を助けてくれるような設備や道具を整え、人間関係を構築する必要もある。彼らは、その努力によって現在の自分の成功があると知りつつも、時として息苦しさを感じ、その対極に位置する「自由」に強く心惹かれるんじゃないだろうか。そういう人にとっては、スモールハウスにおける多少の不便は生活のスパイスとして機能するだろう。

それで思い出したのが、一昔前に耳にした「ボボズ」❷と呼ばれるニューリッチ階級のこと。

ボボズはブルジョアでありながらボヘミアンでもある。つまり、資本主義的な成功(社会的身分や収入)の中に身を置きながら、カウンターカルチャー的な趣味や生活スタイルを好む。

たとえば、ボボズはビシッと決まったスーツなんて着ない。Yシャツとジーンズ、日によってはTシャツと短パンなどの、ラフな服装で仕事をする。自然食に興味を示し、スポーツを楽しみ、冒険的な旅を好み、自然や芸術に親しみ、環境運動にも精を出す。家や自動車などの物質的豊かさにこだわらないどころか、むしろそれを誇ることに羞恥心を感じ、精神的な満足の追求に重きを置く。ボボズはGMのハマーなんか絶対乗らない。スポーツサイクルで走り回るのが、彼らのアイデンティティ。それでも、ちゃんと仕事はしている。

日本でもこういった人種は増えている気がする。「日本の流行はアメリカの10年前を見ればわかる」ってよく言うが(最近はもう言わないか?)、ボボズが流行ったのが2000年くらいだから、ちょうど計算が合う。その計算でいくと、これから日本でもスモールハウスが流行っているかもしれない。

ジョンソンみたいに、安定した収入を得ながらスモールハウスに住むスタイルは、このボボズという概念の一亜種と見ることもできると思う。世俗的安定を享受しながらも、目まぐるしい社会から少し距離を置ける空間を確保して、ボヘミアンさながらの自由奔放な生活をする。ジョンソンの次のような一言が印象的だ。

> 収入目一杯で生活するんじゃなくて、その半分くらいで生活するんだ。そうすると、アメリカでいい給料をもらいながら、発展途上国で生活しているような感じだよ。もっとも、多くの人は、収入の105%で生活しようとするけどね。

生活のための設備を共有する

外食に頼ったり、部屋数を減らしたりして、普通の住宅が持っている機能を外部のサービスに押し付けるライフスタイル？　なんだか変な話になってきたぞ、と思っている人もいるかもしれない。それって、要は、先進国の金持ちの遊びじゃないか？

たしかに、極端なことを言えば、100億円持っている人間が安定した国でホテルと外食に頼って何も（家すら）持たずに生活してゆけるのは当たり前のことだ。巷《ちまた》に物が溢れてるから物に対する執着心もなくなるのだとしたら、そうでない平凡な国や貧しい国には通用しない考え方だ。

現在の物質的豊かさは、明らかに偏った地域においてのみ達成されている。世界中から物資や資源が集まってきているアメリカのような国が「脱所有！」「これからは精神性の時代だ！」なんて言っても、ちゃんちゃらおかしい。

この疑問を解きほぐすのは大変そうだけど、ここでは、次の答えで満足してもらえるだろうか。

第一に、スモールハウスムーブメントは、贅沢や不必要な大きさ、過剰な物を排除するのであって、必ずしも現在の住宅の機能まで制限しようというものではない。ジヨンソンのスモールハウスは特殊例だ。

第二に、生活に必要な設備を複数の人で共有するというのは、その共有の仕方に関わらず、家を小さくして生活を簡素にするための最も基本的な方法だ。

考えてみると、「普通の住宅」が肥大化してきたのは、昔であれば地域で共有していたような、一日に一度しか使わない設備を、「一家に一台」と称して各家庭に詰め込み、さらには各機能に専用の部屋まで作り始めたのが原因だろう。ほんの半世紀前までは、洗濯や風呂のための設備が庶民の家の中にあるのは珍しかったし、さらに数百年の歴史を遡れば、調理場やトイレですら周辺住民で共有するのが当たり前だった。

ジョンソンの例では、そうした設備の共有を可能にしているのが、彼の持つ豊富な経済力であり、先進国ならではの商業サービスの充実である、というだけのことだ。彼が住んでいるのは現代のアメリカなんだから、仕方がない。こういった新しいことをするときでも、やはり、既存の社会の中でやらないといけないのだから、オール・オア・ナッシングで考える必要はないと思う。

お金と外部のサービスに頼らず、生活に必要な設備を共有して、無駄のない生活のできる場所を作ろうと試みているのが、第1章で紹介したシェファーだ。彼の最近の専らの関心事は、スモールハウスが集まって暮らせるような小さなコミュニティを作ることにある。すでに計画は実行段階に進み、いくつかのスモールハウスが建てられている。

そこでは、キッチンや洗濯機、トイレやシャワーなどを一箇所に集め、皆で共有し、住民は極めてシンプルな自分のスモールハウスを建てればよいことになっている。数

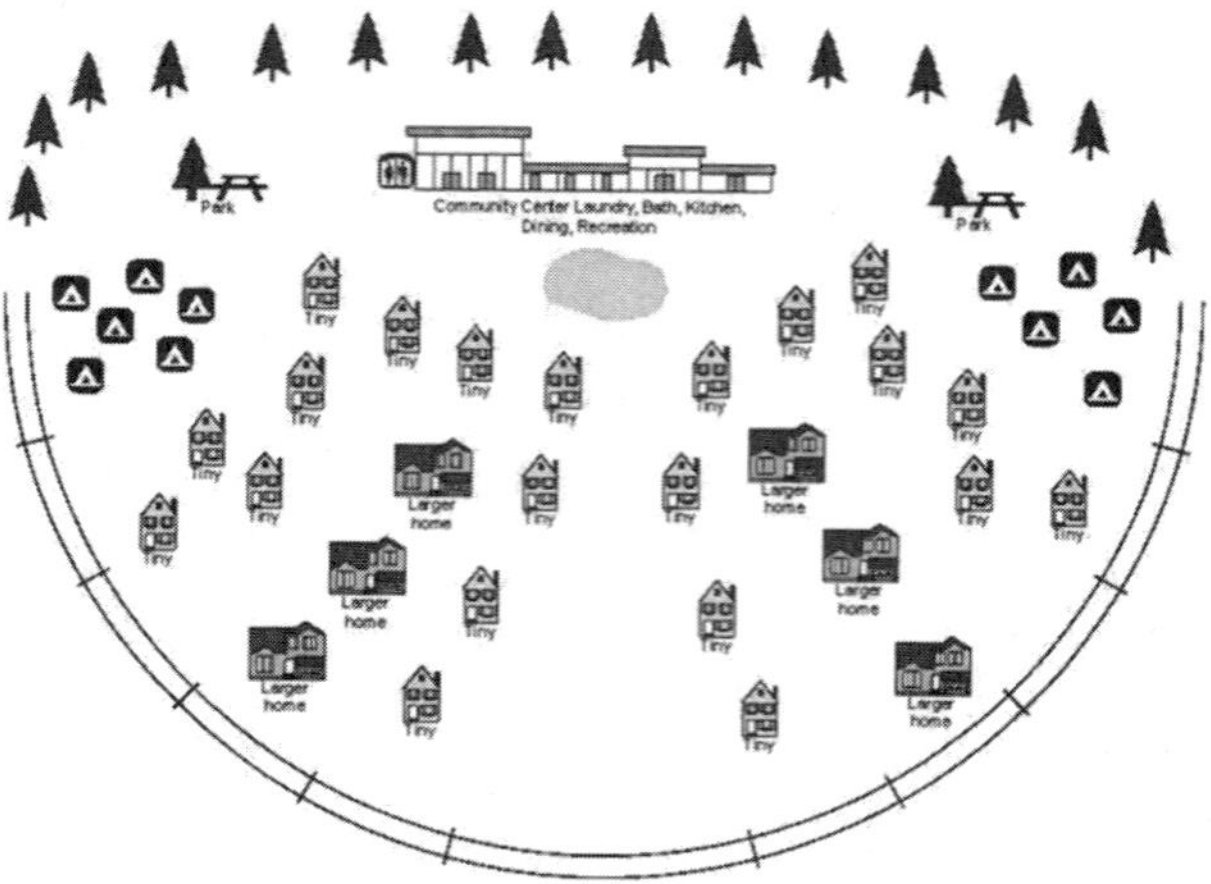

シェファーが計画しているスモールハウスの住宅地。お金のかかる設備を共有する

百万円するような立派なスモールハウスだけでなく、簡単なシェルターやテントのような住居も受け入れる予定だというのだから、その本気度が窺える。

土地の一画を買うか借りるかして、テントひとつ持っていけば、一通りのまともな生活ができるようになっている。なんだかワクワクするね。

コミュニティと言っても、堅苦しいものじゃなくて、基本的な生活は互いに独立していて、簡易住居でも入居可能な住宅地のようなものだ。日本だと、そんなコミュニティを作ったら新

自宅を使ってオープンハウスを開催するジョンソン

街中でのオープンハウスのために停泊中のスモールハウス

興宗教か何かと勘違いされて周辺住民に追い出されそうだが、なんでも自由にできてしまうのがアメリカらしい。

本来ならば、社会全体が当たり前にそのような暮らしをするのが望ましいと、彼らは考えているかもしれない。全体じゃなくても、少なくともそういう生活が普通に存在していいはずだ。

でも、既存の法律や物的な社会システムを白紙に戻すまで待ってなどいられない。そんな野望を抱えて政治に訴えかけるよりは、小規模でいいから淡々と行動して実現してしまう。これもひとつの「市民的不服従」だと思う。

スモールハウスに住むようになって、お金と時間に余裕ができ、それが生活のあらゆる側面に影響を及ぼした、とジョンソンは言っている。

まず、彼は50キロのダイエットに成功した。直接的な理由は、車をやめて自転車を多用したり、ジムで運動をするようになったことだ。でも一番の理由は、要は、ストレスから解放されて、暴飲暴食したりしなくなって、心と体が調和を取り戻したってことじゃないだろうか。

また、生活を気にしてお金を稼ぐのではなく、長期的な成長を視野に入れて仕事をすることで、自分の専門分野に深みが増していった、とも言っている。彼の詳しい仕事内容はわからないが、勉強にしても仕事にしても、すぐ目の前の成果のために尻をつつかれながら間に合わせでやるんじゃなくて、時間の制限から解放されてじっくり取り組むことで得られるものは多いと思う。

それから、彼は、家族や友人のために使う時間とお金が増え、ボランティアなどを通じて第三者のために活動することも多くなった。自分自身のためにも、周囲のためにも、地球全体のためにも、一日を充実して終えたことを確信しながら眠りにつき、日々、より幸せを感じるようになったという。

ジョンソンは、自身の生き方のすべてを見直す機会を与えてくれたスモールハウス生活の経験を多くの人と共有するために、シェファーらと共にスモールハウス協会を立ち上げ、そのリーダーとしてオープンハウスのために各地を飛び回ったり、年々注目度を増すメディアに対応したりと、今もなおスモールハウスの普及に力を注いでいる。

❶（p. 72）立地条件を考慮しつつ、建物の構造を工夫するなどして、太陽や風、気温変化などの自然の力を、機械を使わずに直接用いることを、「自然エネルギーの受動的（パッシ

ブ）な利用」という。一方、機械を用いる場合は「自然エネルギーの能動的（アクティブ）な利用」といい、ソーラー発電や風力発電はその代表例である。

❷（p.75）ボボズ（Bobos）は、ブルジョワ（Bourgeois）のBoと、ボヘミアン（Bohemian）のBoを合体させて、複数形にした造語。

第3章　簡単で大胆なエコロジー

身近な生活から革命を起こす

こういった秘密基地遊びのような暮らしは冒険心のある男がやるもんだ、そう思ったら大間違い。実は、女性にも人気がある。

キーコンセプトになっているのは、やはり、家や生活に時間やお金をかけるよりは、なるべく物を持たずシンプルに暮らして、自分がやりたいことをやりたい、望むように生きたい、そういうところだと思う。これは男女ともに変わらないようだ。

というわけで、ヒロインの登場だ。名前はディー・ウィリアムズ（Dee Williams）。

ウィリアムズは、ワシントン州の環境保護課で19年間、調査員をしていた。彼女は社会正義や環境問題に対する意識が高かったにもかかわらず、それを日常的な行動に反映できないことにもどかしさを感じていた。彼女のしていたことといえば、約140平米の自分の家の修理やリモデルのために、働いてお金を貯め、ホームセンターの資材コーナーをうろつく、ということだった。そうして、大きな家と惰性で付き合い続けていた。

こういう人は、すごく多いんじゃないだろうか。いくら、地球環境の逼迫《ひっぱく》した問題が頭ではわかっていても、実際には、目の前にある冷暖房完備の大きな建物とか、車のために整備された道路とか、仕事とか、規則とか云々……の中で生きてゆかなければならない。

それで、理想と現実との落差に耐え切れなくなって、一人で革命を起こしてしまう人がたまにいる。たぶん、彼女もそんな人の一人だ。

2004年の夏に、彼女は意を決して自分の家を売り払った。そして同時に、所有していた物のほとんどを手放した。

動機は他にもいろいろあったらしい。彼女はグアテマラに学校を建てる手伝いに行き、現地の人々がいかに少ない物で生活しているのかを知った。これは、僕ら先進国生まれの人間が第三世界に行って、まずびっくりすることだ。物をたくさん持ってる人間は、本当に少ない。

それから、彼女は、知り合いからウガンダの子供たちの飢餓や病気のことを聞いたり、また親しい友人の癌を見舞う機会があったり……。とにかく彼女は、大きな家でこんなことをしている場合じゃない、と思い始めた。

冷静に考えれば、誰だってそう思うはずだ。大きな家を建てて地球に負担をかけながら、自分は自分でローンを払うために働くよりは、小さな家にして浮いたお金と時間で何か意味のある別のことをしたほうがいい。それで、自分の寿命が縮まったりするわけじゃないんだし。長生きしたってせいぜい１００年、大きな家だろうが小さな家だろうが、死ぬときゃ死ぬ。

大きな家を手放す決心をさせてくれたのが、シェファーのスモールハウスだった。

家を売り払う決心をしてから、シェファーの設計図を買って、友人宅の庭に約９平米の素敵なスモールハウスを建てるまで、たった３ヶ月。欲しいと思ってから比較的すぐに手に入るのも、スモールハウスのいいところだ。

庭を使わせてもらう代わりに、友人が申し付ける簡単な雑務を手伝う、という条件だったらしい。シェファーのスモールハウス以外にもいろんな選択肢があった中で、決め手になったのはそのデザインだったという。

すごくかわいいと思ったの。こういう美的センスのあるものを探してたのよ。

15分の１にダウンサイジングされたウィリアムズ邸

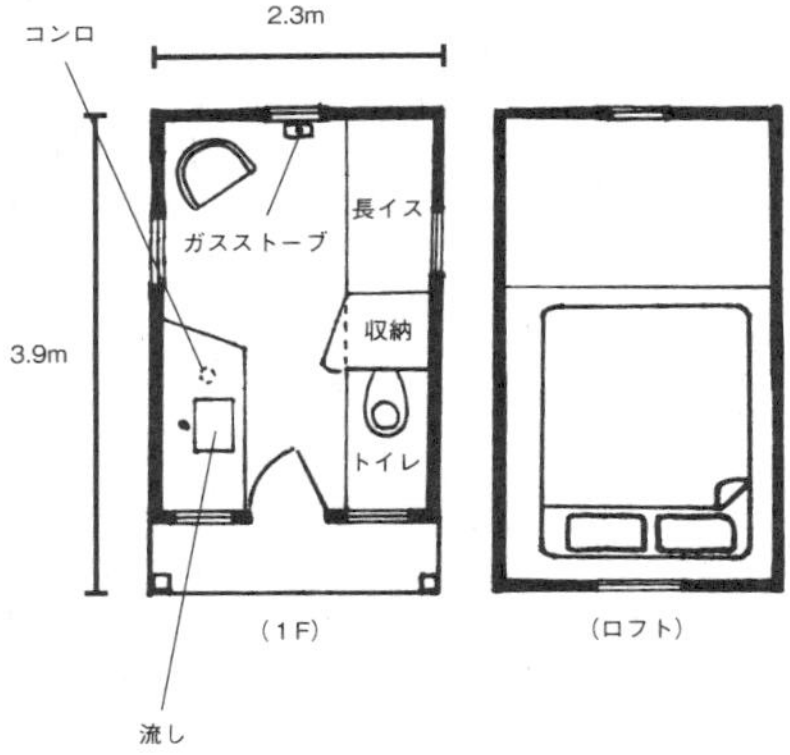

ウィリアムズのスモールハウスの間取り

実際、デザインは重要だ。シェファーが最初に作ったスモールハウスは、いろいろ革命的だったのだが、一番評価されたのはそのデザインだった。いくら値段が云々、自由が云々、地球環境が云々と言ったって、汚くてみすぼらしい家じゃ誰も住みたいと思わない。

小ささが背中を押してくれる

ウィリアムズがスモールハウスを建てるためにかけたお金は、約70万円。この数字は、トレーラーベースにかかった約14万円、240ワットのソーラーシステムにかかった約18万円を含んでいる。つまり、本体は40万円足らず。

どうして本体がそんなに安いのかというと、建築や解体の現場をまわって廃材を調達し、建材として積極的に利用したからだ。

冒頭のカラー写真も合わせて見て欲しい。廃材から作ったにしてはずいぶんきれいだ。廃材でも丹念に磨いてつやを出せば新品に負けず劣らずきれいにできると、彼女は言っている。

それから、彼女は捨てられたジーンズを細かく裂いて、内壁と外壁の間の断熱材として使った。

こうした努力の結果、普通であれば住宅新築時に数十トン規模で排出される二酸化炭素は、彼女の場合ほとんどゼロに等しく、また、資源を消費するどころか、ゴミを再利用してさえいる。


こういった工夫はスモールハウスと特別な関係にあるわけではなくて、大きな家でもやろうとすればできることばかりだ。でも、家が小さいことでやりやすくなっているものは多いし、何より家の小ささが背中を押してくれているはずだ。小さいんだから思い切っていろいろやってみようか、という気分になる。

大きな家を廃材やリサイクル素材で作るのは大変だ。でも、ウィリアムズ邸のように小さければ、素人業《しろうとわざ》でもできる。自然エネルギーの利用も、家が小さくて生活がコンパクトだからこそ敢行する勇気が湧いてくる。

実際、スモールハウスの住人たちは、他にもさまざまな環境対策を施していることが多い。

たとえば、なるべく輸送の必要ない、その地域で手に入る木材や、環境破壊と縁の薄い天然の建材——わら、砂、粘土、竹など——を用いる。一方で、鉄鋼やコンクリといった現代建築の主要建材は、熱処理に莫大なエネルギーを費やすし、解体後に自然に還すことも難しいので、なるべく用いない。

他にも、断熱材として、羊毛、デニム、紙などのリサイクル素材を用い、またその量を増やすことによって空調効率を高める。空気や熱の流れを計算して間取りや換気口の位置を考える。採光を最大限に拡大して受動的な太陽熱利用を促す。雨水を利用し、家から出る排水も再利用して、菜園などに用いる。水も電気も一切使わないコンポストトイレで、肥料まで作れてしまう。

スモールハウスが背中を押してくれるのは、家の造りに関してだけじゃない。軽自動車や自転車を使う、ゴミを減らす、節電を心がける、などなど、本来、家のあり方とは関係のないことに関しても、どっしり大きな家を構えてしまうと、それらの相対的な効果は微々たるものに感じ、結果、生活の細かな場面ではついつい妥協してしまう。

逆に、生活の根幹にある家を小さくすれば、生活全体も自然とコンパクトになっていく。

たとえば普通車で年間1万キロ走るとすると、その二酸化炭素排出量は2トンに及ぶ。[1] 年間1トン足らずしか二酸化炭素を排出しないようなスモールハウス[2]に住んでいたら、そんな重たい車を毎日走らせるのは馬鹿馬鹿しくて、なんとかしたいと考えることだろう。

環境負荷は大きさの問題

ところで、先進国の建物って、一体どれだけの環境負荷を与えているのだろうか。日本の数字をいくつか見てみたい。

まず、二酸化炭素排出量。資材を採取して、加工して、船なりトラックなりで運んできて、現場でトントンギコギコ建築工事して、できあがったら人が住んで、住まなくなったら解体して、リサイクルなり廃棄処分なりされる。これが住宅の一生。この一生の間に排出される二酸化炭素の量を、ライフサイクルCO_2と呼ぶ。

人間の活動によって排出されるすべての二酸化炭素量に対して、住宅のライフサイクルCO_2は2割を占める。[3] つまり、減らせ減らせと言われている二酸化炭素の2割が、何かしら「住宅」と呼ばれているものに関わって排出されている。

それから、木材の消費量は日本が世界第3位で、[4] そのうち35％程度が住宅のために用いられている。[5] 特に日本は、コストのかかる国内の森林を放棄し、全体の木材消費量の約80％を北米やアジア・オセアニアから輸入している。[6] 伐採現場の途上国では、短期的な利益のみを追求した乱伐や違法伐採も懸念されている。

日本で排出される廃棄物（いわゆるゴミ）の約9割は産業廃棄物。さらに、そのうち約2割が建設廃棄物。[7] この数字には、誰も住まなくなって放置されている空き家などは含まれていない。

不法投棄に至っては、全体の75％[8] が建設廃棄物であり、どうしてそんなに酷い状況なのかというと、日本では中古住宅が流通しないので、作っては壊しを短期間で繰り返すからだという。

これだけの環境負荷がかかるのは、設計とか、建て方とか、使っている技術とか、つまり、家の「質」の問題だろうか。やっぱり、家って大きすぎるんじゃないだろう

アメリカ郊外の住宅

か。

最近は、どんな住宅メーカーのチラシにも、必ず、高断熱・高気密とか、自然エネルギーを効果的に使うとか、いろいろ書き並べてある。そりゃあ、何もしないよりはいいんだろうけど、まずサイズが大きすぎる。どんな条件を考えてみたって、延べ200平米の家が環境に優しいはずがない。

先進国の住宅建設は、地球規模で見れば、木材、鉄鋼、セメントといった大量の資源・資材を国内外から集中させることによって可能となっている。でも、いつも「既存住宅との比較」とか「当社比」とかでごまかされる。ごまかすほうと、ごまかされるほうとが、手に手を取り合って、小手先だけの「エコ」で、なんとなく倫理的な満足感もお互いに得られてしまう。その結果、建てられるのは、ＬＥＤ照明付きの城だ。

家が小さければ建築資材は少なくてすむし、建築時に費やされるエネルギーや、照明や空調といった日常生活に用いられるエネルギーも抑えられる。解体・再生の手間や建築廃棄物も、家の大きさに比例して少なくなる。そうやって、すべての絶対量を減らす。環境のことを考えるのなら、こまごました省エネ仕様の商品に惑わされるよりも、それが一番近道だと思う。なんといっても、簡単だ。誰でもできる！

家なんて作らずに地球上の人類が全員テント暮らしか猿のように生活すれば、一番エコロジーだ。でもそういうわけにはいかない。それは、自動車をやめて全員が自転車や徒歩にすることが非現実的であるのと同じだ。雨や風に対する耐性や、走行性能は下げたくない。だからみんな、今は軽自動車に乗る。

家も同じことだ。家そのものの機能性やクオリティを下げずに、小さくする。テントにするんじゃなくて、スモールハウスにする。

小さいことは良いことだ

つい100年くらい前までは、生活がシンプルかどうか、スモールかどうかというのは、結局のところ個人の生き方の問題だった。

必要最低限の物で自然と共に暮らすことを好む人もいれば、可能な限り生産活動に従事して物質的に豊かに暮らすことを好む人もいる。どちらにしても人類は生きていける。「スモールでいいんだ」と言う人はいても、「みんながスモールのほうがいいんだ」と言う人はほとんどいなかった。

質素な生活の提唱者は、西にも東にも多くいたが、彼らが論拠としていたのは、たとえば、信仰の追求とか、真理の追求とか、自然を味わうとか、そういったこと。贅沢な暮らしが回りまわって人類の生存を脅かす可能性がある、という考え方自体が存在しなかった。

現代はそういう時代じゃない。偶然掘り当てた化石燃料という宝の山は、地球の蓄えてきた貯金であって、現代の文明はその貯金を切り崩しながら維持され、また発展している。それどころか、環境汚染と地球温暖化、および生態系の破壊は、現行の生産活動がすでにオーバーペースであることを示してきた。

一方、原子力という打ち出の小槌は、無制限のクリーンエネルギーと喧伝され、無限成長の道は望みを繋いでいるかに見えたが、実のところは、化石燃料とは次元の違うリスクを抱えたものだった。

より大きく、より多く、より速くといった意味での人類の成長は、いずれ近いうちに停滞する。最終的には、自然の循環そのものや、太陽光という外部から事実上無限に供給される緩いエネルギーの中で生きていくしかない。

つまり、スモールでシンプルな生活のほうが良いということが、ほとんどの人間に共通の価値体系、すなわち、ほとんどの人間が「良いこと」として認めるであろう、人類の存続という価値のもとで、説得的に語られるようになった。

でも、実際には、このスモール&シンプルという道は、ほとんど無視されている。政治やメディアで取り上げられるのは、いまだに、省エネ仕様の商品の開発であったり、自然エネルギーのために予算編成で注ぎ込む額の大きさであったり、もちろんそれ自体は悪いことではないが、とにかく新しい科学技術で何とか捻じ伏せよう、そのためには経済はもっともっと回らねばならない、そういった論調のことばかりだ。

その答えを生きる

ウィリアムズのスモールハウスでは、生活に必要なエネルギーはソーラーシステムとプロパンガスがすべて賄ってくれる。つまり、居住時に排出する二酸化炭素は、月300円のプロパンガスの分のみ。夏に至っては、ほとんどゼロ！

トイレはコンポストトイレがあるが、シャワーはない。水を引かなかった理由は簡単で、素人業の配管工事による水漏れを懸念していたようだ。それに、水道工事なんて業者に頼むと、費用が跳ね上がってしまう。

コンポストトイレというのは、微生物の働きによってその場で汚物を生物分解してしまうトイレだ。登山道のトイレとして話題になることが多いが、ライフラインを繋がないオフグリッド住宅を作る時には大活躍する。水は使わないし、臭いもなく、汚いものでもない。量が溜まったら畑へ戻せばいい。

水やシャワーは、地域の公共設備や友人宅にお世話になっている。40代の大人が他人様に水を頂戴する生活をしているということについては、彼女は吹っ切れているようで、むしろ、居住空間が世界全体に広がっているように感じるという。

> 大きな家にいても、くつろげていない人はたくさんいるわ。そういう人は、つまり、この世界にもなじんでいないのよ。

電気にしても、水にしても、オフグリッド仕様にしたことで、何にどれくらい使用しているのか常に関心が行くようになり、特に意識せずとも自然に節制するようになった。

ウィリアムズの生活はこんな風だが、スモールハウスムーブメントは必ずしもそんなにマニアックで原始的な生活をしようって話じゃない。

スモールハウスの住人たちは、物質主義的な考え方のうち、少なくとも「大きさ」だけは否定するという点で一致団結している。でも、それに加えて、いわゆる「生活水準」と呼ばれるものを少し下げようとする人は、まだまだ少数派だと思う。

水で流さなくても臭わないコンポストトイレ

キッチンには、小さな流しと、ガスバーナーがひとつ

つまり、「小さな家でも冷暖房完備で快適に暮らしたい」と考えるのか、「冷房なんてなくても扇風機ひとつあれば十分だ。昔はみんなそうやって生活していた」と考えるのか。いわば、穏健派と過激派だ。

だいたい、社会システムは高速回転のままなんだから、過激派に与《くみ》したくても、現実問題が許さないという人もいるだろう。呼び名を付けるとすれば、妥協派？

とにかく、中途半端でもなんでもいい、まずは一歩踏み出してしまおう、というのが彼らのやり方だ。

ジョンソンやウィリアムズがスモールハウス生活を通しての実感として報告しているところによれば、

> 環境問題に関しては、その答えを生きることが、抗議したり叫んだりデモをしたりするよりずっと多くのことを達成できる。

スモールハウスに住むという自分の小さな決断が、自分自身と周囲に対して長期的に影響を与え続け、変化が変化を呼ぶのだという。

周囲の人間が真似をし、明日の自分は今日の自分がどう生きたかということに影響を受け、そうして広がっていくことは、外部に何かを要求したり、逆に外部から強制されたりして行なうこととは比べ物にならないインパクトをもたらす。

ここでも、背景にあるのは「市民的不服従」の精神だ。悪者探しをして糾弾の声を上げる前に、自分が望んでいる生活を淡々と営む。

物を買うよりもやるべきことがたくさんある

ウィリアムズは、スモールハウスで生活を始めてから、物をほとんど買わなくなった。

彼女は所有している物の数を正確に数えていて、その数を300に収めることをルールとしている。文房具も服も本も、全部合わせて300まで。もっとも、これは、友人と遊び心で楽しんでいる一種のゲームのようなもので、強迫的にやっていることではないらしい。

彼女はそのゲームに従って、Tシャツも1着買ったら1着手放すという。洋服棚には服が3セット、靴も全部で3足。物の数を減らすのが自由への道だった。

死の床についた時、くだらないものを買いに行こうとは思わないでしょう?

小物を合わせても、所有物は300個

これを極論だとみなさない人が、増えているのだと思う。同じ一生を生きるのに、隣の家の真似をして大きな家を建てて、物を買い集めたりして、一体何をやっていたんだろうと思いたくない。何でもいい、何か意味のあることをしたい、生きているだけじゃ嫌だ、生活のための生活で終わらせたくない、そういう人たちだ。

僕は、ここのところが、スモールハウスムーブメントの一番の原動力になっていると睨んでいる。

平穏な暮らしをしたい。自由に生きたい。意味のあることをしたい。全部、自分自身の問題だ。自分の心に問いかけて、正しいと思う答えを生きる。自己中心的と言えば、自己中心的なのかもしれない。でも、じゃあ、利己主義なのかっていうと、全然違う。名前を付けるとしたら、個人精神主義、とでも呼べるんじゃないだろうか。

だから彼ら、「みんな小さな家に住むべきだ!」なんてことは一切言わない。各々が勝手に好きでやっている。スモールハウスが何よりもまず自分自身の心を満足させてくれるものであると確信してるから、他の人がどんな家に住もうが、そんなことはどうでもいい。逆説めくが、だからこそ、他人に伝染していく力がある。

ここでもシェファーの言葉を借りよう。シェファーは、各所でスモールハウスに住むようになった動機を尋ねられて、その都度さまざまな回答をしているのだが、おそらく次の自己中心的な答えが、彼の最も率直な気持ちを表わしているように思う。

> 小さな家に住むことの主たる理由は、地球を救うといった壮大なことでもなければ、お金を節約するといった実践的なことでもない。実を言えば、僕は単に、大きな家に費やす時間や労力を持ち合わせていないだけなんだ。

個人精神主義とエコロジーの調和

この「個人精神主義」が、結果的に、地球環境という最も大域的な問題の解決へと繋がっているところがおもしろい。自分中心で物事を進めていくと地球にも優しいなんて、そんなことこれまでにあっただろうか？

本来、エコロジーに対する意識というのは、個人の内面から湧き上がってくるような生きることに対する感情や欲求とは異なる。地球全体の状況を客観的に把握し、このように行動するべきだという規範的な判断をし、その判断に従って、理性によって自分を律し、時として利他的な行動に出る必要がある。

もう少し規模の小さい社会的な問題だったら、自分自身が多かれ少なかれ目の前の社会によって支えられているという（知識ではなく）実感があるから、その社会のシステムを壊さないような利他的な行動を本能的にとることができる。でも、地球環境の問題はあまりに規模が大きいので、情報は実感を伴わない単なる無味乾燥な言葉や数字の列としてやってくるし、それに基づいた行動も本能的なものではなく理性を必要とする。

南極の氷の融解や熱帯雨林の減少が、いかに自分に影響を与えるか、自分が微生物や植物などの生態系といかに支えあっているか、頭ではなく実感として知っている人などほとんどいないはずだ。

だから、巨視的にみて人類全体がすべきことと、個人の欲求とは、緊張関係にあるのが常だった。これは、生存競争を進化の一原理としている人間にとっては、避けることのできない、全と個とのジレンマであるはずだった。

ところが、スモールハウスの住人たちは、自ら進んでスモールハウスに住んでいる。


これって、かなりすごいことだと思う。なぜかって、今日の環境問題の根本原因に立ち戻ってみればわかる。つまり、産業革命期から連綿と続く資本主義的競争社会が、誰にでもある欲望や嫉妬心を煽り、利己心を肯定するのみならず増長させ、それを石油に勝るとも劣らない原動力としてきたという事実だ。

もちろん、イデオロギーに関わらず、人が文明的な生産活動を続ける限り、少なからず環境に負荷はかかる。でも、環境問題がこれほどまでに深刻化した理由を、大量生産と大量消費を良しとする先進国の経済至上主義にみる人は、少なくないはずだ。隣の杉よりもっと高く、もっと大きく。そうして出来上がったのが今日の物質文明。我慢しながら嫌々やる節約とか、法によるエコの強制とか、エコ商品の大売出しとかは、この原理をまったく抜け出してないから、一時的には功を奏するかもしれないが、長くは続かないだろう。

じゃあ、スモールハウスがそうした競争原理と距離を置くことを可能にしているのは何か？　欲望や嫉妬心とは別の種類の、しかしながらそれらに対抗できるくらい心の根底にあるものは何か？

それが、平穏であり、自由であり、ひっくるめて、個人精神主義なんだと思う。持続的な生活といった地球規模の仰々しいことは、個人が心身ともに自由な生活を求める中で、自然と達成されるものだ。エコロジーは、知識人が崇高な理念と広範な知識のもとで、理性によって自らを律しながらやることではなく、普通の人間が、多少の内省によって心の平穏を望む中で、気が付けば人類全体としてなし得ているものだ。

個人精神主義は、個人の心の中が平穏であり自由であることを最優先で考える。少なすぎず、多すぎもしない、バランスの取れた富というのは、そのための一要因に過ぎない。個人の内的な心のバランスが、地球全体のバランスに繋がっている。スモールハウスは、従来の全と個というジレンマ構造を覆している。

そう、ウィリアムズの家で特筆すべきことがもうひとつあった。これを書き忘れたら罰が当たる。スリーピングロフトに設置された広い天窓だ。

たった数十万円の家でも、毎晩星を眺めながら、日によっては降りしきる雨を見上げながら、眠りにつくことができる。そして、明くる朝は、太陽と共に目を覚ますことができる。

開けることができる天窓を作るのはプロでもかなり難しいらしいが、ガラスやアクリル板をはめ込むだけなら素人でもできる。せっかくロフトに寝るのなら、天窓を作らない手はない。

ウィリアムズは、物を溜め込まない代わりに、この素敵なロフトで図書館から借りてきた本を読んだり、リクライニングチェアに座ってソーラー発電した電気で音楽を聴いたりすることが多くなった。

家を小さくして、物を買うことをやめることで、莫大な時間とお金が転がり込んできた。彼女はその時間とお金を、スモールハウスを世に広めるために用いることにした。

自宅でスモールハウスについて語るウィリアムズ

大きな天窓から星を眺めながら寝ることのできるロフト

彼女は、自分のスモールハウスを建ててすぐに、スモールハウスを建てる手伝いをする会社を立ち上げた。「機能的で、美しく、環境に優しい」をモットーとしている。彼女は建築の素人であるにもかかわらず、仕事や講演の依頼は後を絶たず、ワークショップも盛況を極め、そうして新たに作られたスモールハウスの住人が再び情報発信するという形で、活動は広がっていった。

会社は2008年に、持続的な生活の実践者に与えられるワシントン州知事賞を受賞。彼女は、スモールハウスムーブメントの象徴的な存在として、シェファーらと共に、メディアに引っ張りだことなった。

❶（p.93）排気量2000Lの乗用車のキロメートル当たりの二酸化炭素排出量は200g程度（国土交通省）。
❷（p.93）シェファーの報告によれば、アイオワ州の寒い冬を越すのに、排出された二酸化炭素は0・4トン。他の季節はほとんどゼロ。
❸（p.94）2010年（データが取得された年、以下同様）、「日本国温室効果ガスインベントリ報告書」の部門別間接排出量、および、CASBEE（建築環境総合性能評価システム）の評価値より計算。
❹（p.94）1位はアメリカ、2位は中国。
❺（p.94）木材需要の約4割が建築用材。「我が国の森林・林業及び木材利用の概観について」（林野庁、2010年）。また、そのうち87％が住宅用に用いられる（日本木材総合情報センター）。
❻（p.94）「森林・林業白書」（林野庁、2010年）。
❼（p.94）「産業廃棄物の排出及び処理状況等」（環境省、2009年）。
❽（p.94）「産業廃棄物の不法投棄等の状況について」（環境省、2010年）。

第4章　自由を得るのにお金は要らない

生まれも育ちもシンプルライフ

続いて紹介するのは、スモールハウス生活のエリートだ。名前は、ラマル・アレクサンダー（LaMar Alexander）。どんな人かというと、こんな風に言い切ってしまうような人だ。

> どうしてみんな、大きくて高価な家を建てたがるのか、私にはわからない。

アレクサンダーの家系は、代々、自分の手で家を建て、畑を耕し、家畜を飼い、自己完結的な生活を送ってきた。両親も、そのまた両親も、徹底的な自給自足を貫いてきて、世界大戦中も、世界恐慌中も、なんら食べ物に窮することはなかったという。

アレクサンダー自身も、大学で建築や機械製図について学び、教職についてからは、食の健康と安全について生活全体から考える包括的な方法を提案し続けてきた。

童話に出てきそうな手作りの小屋に、科学技術の粋を集めたソーラーパネルが掲げられている

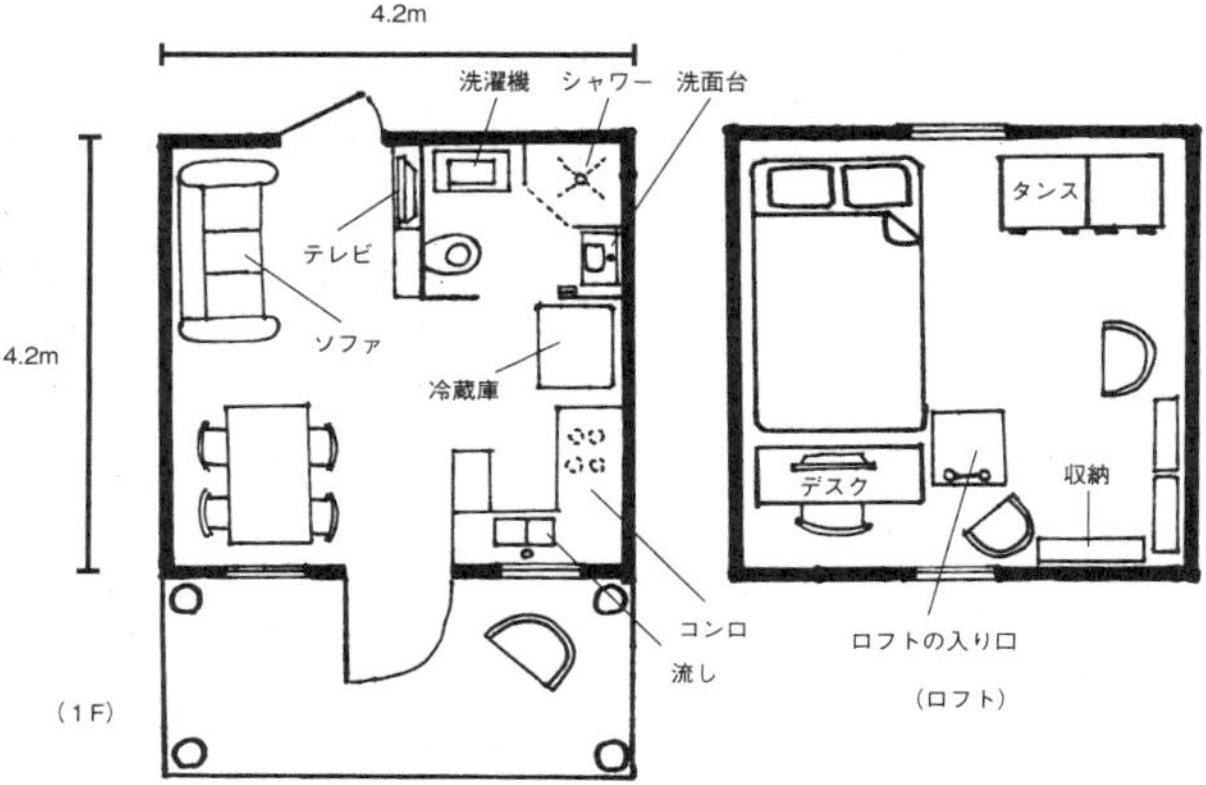

アレクサンダーのスモールハウスの間取り

彼にとってシンプルでスモールなライフスタイルは、今さら「ムーブメント」などと騒ぎ立てられるのも不思議なくらいの、至極自然な生き方なのだろう。約18平米のスモールハウスをセルフビルドして住んでいる彼は、どうして今の生活を始めたのかと問われ、「血だよ」と答えている。

シェファーらの一人か二人用のスモールハウスに見慣れてしまうと、18平米というのはかなり広く見える。実際、アレクサンダーは「小さな家族ならここで生活可能だ」と豪語している。彼の家には、恋人や複数の友人が遊びに来ることもあるという。

アレクサンダーの家は、トレーラーベースではなく、普通の基礎の上に建てられている。家の前面には、広々としたポーチがある。家をトレーラーベースに載せるとなると、空間をポーチに使ってしまうのはどうももったいなくて、ついケチケチしてしまいがちだ。でも、やっぱり玄関前の庇が大きく突き出していると、グッと開放的な印象になる。

アレクサンダーは、平日に4時間、週末に8時間、計2週間で今の家を建てた。そのくらいの時間は、住宅のパンフレットを見たり、モデルハウスに足を運んだりしているうちに経ってしまうものだ。もっとも、彼がスモールハウスの「エリート」だということを忘れてはいけないが。

材料費は住宅価格の3割

日本では滅多に見かけないセルフビルドだが、アメリカでは一般人がごく当たり前に自分で家を建てる。その割合は1割以上とも言われる。完全にセルフでなくとも、必要な部分だけ業者の手を借りて、自分でできることは自分でやる。建てた後のメンテナンスも、自分でホームセンターへ行って材料と道具を買ってきて行なう。10戸に1戸がセルフビルドで建てられているだなんて、日本ではちょっと想像がつかない。日本の普通の感覚だと、家なんて、一般市民は絶対手出しができなくて、専門家が建ててくれるものというイメージしかない。

開拓民が自分たちの手で家を建てたために、アメリカにはDIYの伝統が残っていると言われる。わかったようなわからないような理屈だが、そのときに確立されたのがツーバイフォーという工法らしい。実際、ツーバイフォーは素人が一番とっつきやすい工法で、今でもセルフビルドの主流になっている。

一方、日本伝統の在来型軸組み工法は、木材のほぞ組みなどに関して職人の熟練技が必要と言われている。小さい頃、建築現場なんかを眺めていて、見るからに難しそうなほぞ組みがピッタリはまったりすると、大人ってすごいなぁと思ったものだ。

こうした慣習の違いがあるせいで、日本の本屋にセルフビルドに関する本はあまり並ばない。アメリカではズラリだ。ホームセンターの建材の品揃えも、日米で格差がある。

日本の住宅建築にかかるお金のうち、約3割が材料費❶。残りは、大工さんへの手間賃や、業者の儲け、その他諸々。大手ハウスメーカーだったら、CMやモデルハウスの費用なんかもかかる。

ちなみに、戦前の日本ではその逆、材料費が7割で手間賃等が3割くらいだったらしい。資材が貴重で人件費が安かったからこそ、日本では木材加工に時間をかける軸組み工法が発展したとか。

スモールハウスを扱う会社の商品も、だいたい似たような内訳だ。完成品の値段10割に対してキット価格でその5割、純粋に材料費だけ見ると3割程度。単純計算で、セルフビルドで家を建てれば、業者に発注した場合の３割でできることになる。

もちろん、材料費による計算だけでニンマリ微笑むのはあまりに愚かというものだ。一般人が重機や工具を備えていることは稀だろうし、プロがやるより何倍も時間がかかることを覚悟しなければならない。建築に関する知識を得るのも大変だし、場所や大きさによっては、建築基準法をはじめとした法律を学んでクリアしなければならない。

顔のある家

セルフビルドの最たるデメリットは、仕上がり、特に見た目の完成度が熟練職人には及ばないところかもしれない。

でも、アレクサンダーの家を見ていると、「それって本当にデメリットなのか？」と思う。まず、とにかく彼の家は美しい。精密で清潔な美しさじゃなくて、芸術的、という言葉を使ってしまうと説明にならないかもしれないが、用の美があって、表情があって、世界にひとつしかない唯一のものであって……。

彼の家は、細部を見ると、実に無造作に作られている。外壁は切り揃えられていないし、ロフトの床は合板が剝き出しになっている。井戸水の配管は、壁の内側や床下ではなく、室内の隅のほうを這っているし、その先にあるシャワースペースでは、普通の家庭で見たことのないような小さなシャワーノズルが取り付けられている。業者の仕事ではこんなこと絶対にありえない。

でも、そうした適当さが、彼の家を一目見たときに感じる美しさに繫がっているように思う。彼の家には、今にも喋りだしそうな顔がある。彼の人となりと、生き方と、思想がすべて詰まった表情がある。

いやいや、そのくらいの家は、彼じゃなくても誰だって作ろうと思えば作れますよ、と言う人もいるかもしれない。

物理的・技術的にできるかできないかなんて、どうでもいいことだ。彼がこの世界に存在しなかったら、その家は建てられなかった。作ろうと思えば作ることはできる。でも作ろうと思ったのは彼だけだ。これを「誰でもできる」と言い換えてしまうのは、とんでもない間違いだ。

一方、建設業者に家を建ててもらうときでも、もちろん、作ろうと思って作るわけだが、今度は、その作ろうと思ったものが、建築士や大工の能力、センス、すでにあるモデルやパーツ、家としての既成概念などのフィルターにかけられ、だんだんとその原型を失っていく。そうすると、できるものは、その家主の存在との必然的な結びつきを欠いてしまう。このとき、家は、家主が存在したことの証拠にはならない。

そうして、いつ誰にでも当てはまりやすいように、誰が存在したことの証拠にもならないように発展してきたのが、文明なのかもしれない。そうすると、人間のほうも、家や服、生活スタイルなどの外部構造を与えられたときに、その環境に合わせて自分自身を作り変えていくことができる人間が、賢く、優秀であるとされることになる。でも、環境と自己とを調和させる方法はそれだけじゃないはずだ。アレクサンダーのように、自分自身に合わせて環境を作ってもいいのだ。

いかに豪華絢爛な家でも、そこに住む主と調和していない限り、美しさはない。アレクサンダーの家には、その家の主自身が釘一本に至るまで自分で打ち込んだ時にしか得られない、主にとって必要にして十分な、動物の巣や昆虫の蓑のような美しさと安心感がある。

この「家主との調和」は、どれだけ優秀な建築士が計算を重ねても、いや、意図と計算を重ねれば重ねるほど、摑み損ね、遠ざかってしまう。

小さければ分業する必要はない

建設業者に頼まず「自分でやること」がどのくらいお得なのか、まともに考え出すとあまり良い答えは出ない。建築技術から法律から、どれだけ多くのことを学ぶ必要があるか考えるだけで頭が痛くなる。もちろん、必要な時間と体力とは計り知れず、失敗をしても誰も補償してくれない。しまいには、これだけのことをやってくれるのだから大枚叩いて買う価値がある、と納得してハウスメーカーに足を運ぶのがオチだ。ただし、これは、既存の商品とまったく同じような家を自分で作ろうとした場合の話だ。ここに、スモールハウスの価値がある。

住宅に限ったことじゃないが、規模の小ささは、一介の市民が手を出すために重要だ。規模が大きくなればなるほど、あるいは大量に生産しようとすればするほど、分業体制の効率の良さが際立ってくる。資本を集約し、大掛かりな設備を整え、役割分担された人間を動員し、せーのドカン、で生産するのが大規模工業だ。ハウスメーカーの住宅はその典型だ。自ら設備を有する工場で同じ型の部材を大量に生産し、全国各地の現場に搬入して組み立てる。資本の集約は金持ちをさらに金持ちにし、工程の部分部分を担う単純作業は労働者を辟易させる。行き着いた先は、失業・過労・労働条件の悪化・低所得・貧富差の拡大といった現代社会問題だ。

ハウスメーカーほどではないにしても、地場の工務店には重機や大工道具、大型電動工具や足場など、やはり資本が集約されている。そこから揃えようとすると、個人には時間もお金もかかりすぎて、非常にコストパフォーマンスが悪い。だから、みんなが大きな家を建てるという前提のもとでは、建築業という分担作業が成り立つ。つまり、大きな家なら、自分が何か別の分業を受け持ってお金を手に入れ、業者の持っている道具や大工さんの時間をお金で買う（借りる）必要がある。

一方、小さな家なら、必ずしも専門家に頼む必要はない。3坪のスモールハウスを建てるためにクレーンを借りてくる必要はなく、脚立がひとつあれば十分だ。量の問題もある。大きな家は単純に作業量が多すぎるので、やはり労働力や大型工具を蓄えている業者に頼らざるを得ないが、短期間で建てられる小さな家なら、多少効率は悪くても、個人で安価に手に入れられる小型の道具で作業すればいい。

何より、木材一本から切り揃えて、全体像と目の前の課題とを行き来しながら、自分の住みたい家に向かって試行錯誤するセルフビルドでは、その作業自体を楽しむことができる。大工さんにお金を払って建ててもらう代わりに、何か別の退屈な仕事をするのであれば、鼻歌を歌いながら自分で建てるのもひとつの手だ。

極端なことを言えば、みんながダンボールハウスに住むのであれば、分業をする必要はないのだ。カッターとテープで自分で建てられるのだから、建築業者の出番はない。今でも、一部の発展途上国では一般人が家族や地域で力を合わせて家を作るわけで、大工や建築士、ハウスメーカーなんてものは存在しない。

現代日本人がダンボールハウスに住むわけにはいかないが、ダンボールハウスとメーカーハウスを両極端に、分業の必要性の境界線をどこかで引くとすれば、だいたい本書で紹介しているようなスモールハウスの前後で引けるのではないだろうか。

ローテクとハイテクで自給自足生活

さて、アレクサンダーの家の話に戻ろう。

彼の家は、本物のオフグリッド住宅だ。つまり、ライフラインを外すだけじゃなくて、水も電気も完全に自給している。この点、これまで紹介してきたスモールハウスとは少し毛色が異なる。

冷蔵庫と暖房、温水器はプロパンガス式のものを使っている。家電製品で電気を大量に食うのはこの三つくらいのもので、これらをガス式にしておけば、小さなソーラー発電だけで、電線を繋がずにオフグリッドにすることができる。

水は、最初は自分で運び入れていたが、現在は井戸を掘っている。したがって、彼には毎月の水道料金の支払いもない。屋外で使う水には、雨水や排水を利用している。家主の帰宅を出迎える玄関先の花壇には、マリーゴールドが咲き乱れ、トマトやキュウリも植わっている。これらは雨水や排水で育てられた。

アレクサンダー邸のキッチンスペース。冷蔵庫はガス式のものを使用

彼が家で使う水の量は、一日20リットル足らず、年間約8000リットル。そのほとんどが、シャワーと洗濯に使う水だ。

一方、18平米の彼の家の屋根で集められる雨水は、年間1万リットル以上。つまり、理論的には雨水だけでも必要な水が供給できてしまう。雨水は自然が蒸留してくれた不純物の少ない良質な水であって、集水や貯水の衛生に気をつけさえすれば、汚い河川から汲み上げて塩素消毒した水よりも、よほど使い勝手が良いという。

アレクサンダーは、他にも、あ

らゆるローテクノロジーを駆使して持続的な生活を送っている。特に、彼は、太陽光を直接的に利用するのが得意で、食べ物をうまく乾燥させて保存する道具や、太陽熱を直接用いた温水器、同じく太陽光を集中させて煮炊きするソーラークッカー、太陽光を受動的に用いた室内暖房、太陽の熱で汚物の生物分解を促進するソーラーコンポストトイレの製作など、いずれも、お金をかけずに、身近な材料で手早くできて、素人でも簡単に作れる方法を確立することをモットーとしている。

そうしてローテクノロジーを駆使する一方で、彼は幼い頃からソーラー発電の有効性について強く心惹かれていた。

子供時代に彼が雑誌でソーラー発電のことを知ったときには、まだそれは、まったくの金持ちの遊びであった。しかし、大人になってスモールハウスを建てようと思ったときに、改めて情報収集して驚いた。すでに、一般市民が十分に検討する価値のあるコストまで下がっていたからだ。

最近は自然エネルギー志向の追い風もあって、さらに値段が急降下している。僕もいつもチェックしているのだが、ここ5年くらいでパネルの値段が半減した。

市販の電力は、なんだかんだ言ってもまだまだ信頼できるし、何と言っても安価で良質だ。でも、ソーラー発電は太陽がある限り半永久的に電力を自給できる。スモールハウスにソーラーパネルを1枚か2枚乗っけたこぢんまりとした生活に、損得勘定抜きで憧れてしまうのは、僕だけじゃないだろう。

アレクサンダーも、玄関先の大きな軒の上に全部で470ワットのパネルを掲げた。値段は約25万円。その電力で、テレビやパソコン、照明などをすべて賄《まかな》っている。井戸の揚水ポンプに使っているのも、ソーラーパネルによる電力だ。ちなみに、標準的な大きさの住宅の電力を賄うのに必要なパネルは、4000ワット程度だ。

彼の生活に大量の電気は不要だったが、ソーラーパネルから少量の電気が供給されることで、生活が劇的に豊かになった。

アンデルセン童話に出てきそうな手作りの家に、ソーラーパネルがのっかっている。でも、不思議とぎこちなさはない。昔からいつもセットで使われてきたかのようだ。

このように、質素で自給的な生活にソーラー発電などの現代技術を加え、消費電力の小さな照明やデジタル機器を使えるようにする、ローテクノロジーとハイテクノロジーの融合型のライフスタイルは、今後ますます市民権を得ていくのではないだろうか。

スモールハウスは経済的

こんな素敵な家を作るのに、いくらかかったのだろうか。

なんと、ドアや窓を除いた構造自体にかかった費用は、約16万円。木材はすべて店で買った新品だ。ものすごく安く思えるかもしれないが、木材なんて意外とそんなもの。構造用の頑丈な合板が、店頭価格で畳一枚1000円なんだから、そりゃあ、林業から人が遠ざかるというものだ。

こんなに安く家が建てられるのに、どうして僕ら、云千万円も払うことを当たり前だと思っているのか？　もちろん、市販の家は専門家が作ってくれるものだから、自分で建てるよりずっと良いものが建つ。でも、アレクサンダーはこう言っている。

> メディアからの洗脳を断って、「大きな家に住むべきだ」という社会的な圧力にさらされるのをやめるべきだ。

つまり、大した理由はなくて、社会的な見栄や常識、それは元をたどれば、メディアの影響だ、というわけ。

土地と家屋の理不尽な高額さは、誰しも一度は疑問に感じたことがあるんじゃないだろうか。一般的な家のローンは、家計の2割を占める。[2] これに、税金や保険、メンテナンス費用などが加わってくる。

あまりにオーバースペック・オーバーサイズな住宅しか売られていないと、人生において何をするにも、現行の経済活動に巻き込まれてゆかねばならなくなる。つまり、相当量の金になるかならないかが最も重要な判断基準となり、金にならないものは「趣味」という分野で括られ、金になることをしてから余暇として楽しむ、ということになってしまう。

もうちょっと住宅の選択肢が増えれば、過労や失業などによる社会からの逸脱を防いでくれるだろうし、あるいは逸脱に対する不安を和らげてくれるだろうし、もっと思い切ってやりたいことをやれるようになって、個人の人生選択を豊かにしてくれるんじゃないだろうか。

おいしいご飯を食べられて暖かく眠れればそれでよいという人たちのために、たとえば、借金なしで購入できる数百万円の家が流通し、かつ、社会的に認知される必要がある。それが当たり前であったら、まったく違う人生を歩んでいたという人も多いだろう。

スモールハウスであれば、ざっくり言って、一人から二人用の、あとはライフラインを繋ぐだけの完成品で、数百万円。キットで100万円。完全なセルフビルドで数十万円。ローンが必要なければ、利子も払わなくてすむ。大きな家を建てる借金の利子で、小さな家が買えてしまうくらいだ。

一人で住むために4000万円の家を買う人はいないだろうから、これらのスモールハウスの値段と普通の家の値段の絶対値を比べるのは意味がないが、3坪とは言わずとも、たとえば、家の大きさを半分にすれば、千万円単位の節約になる。

家が小さければ、必要な土地も小さい。大きな家や土地は固定資産税だけでも毎年10万円以上飛んでいくから、❸一生のスパンで考えると、やはり数百万円の節約になる。

その他、家を建てるとなると、家具家電に外回りの設備、登記や保険、細かな手数料が諸々、金銭感覚の麻痺した時期に数百万円が一気に出ていく。これらの雑費もスモールハウスであれば不要か、かなり少なくてすむ。

家のメンテナンス・修繕費にも、年平均で10万円程度かかると言われている。この数字は、定期的な補修作業に余念のないアメリカではさらに大きく、家計の中で無視できない存在となっている。スモールハウスであればもちろんこの額も少なくてすむが、一番ありがたいのはその手間が省けることだろう。

他にも、家が小さければ、それを暖めたり冷やしたりするエネルギーが少なくてすむ。大きな家でも使う部屋を限れば同じことだが、キッチンで料理、ダイニングで食事、リビングでテレビ、寝室で就寝と、その都度空調する必要があり、なんだかんだで冷暖房費はかかってしまうものだ。

スモールハウスは、小さなストーブをひとつつけておけば、その熱が就寝までのすべてのシーンで役に立つ。リビングの電気を消してスリーピングロフトに上がる頃には、ロフトはホカホカになっている。スモールハウスに住む人たちは、原油価格が大幅に上昇して第三次オイルショックとも言われた2004年から2008年にかけても、ほとんど家計に影響はなかったと誇らしげに語っている。

「夢のマイホーム」に向かって突き進む時代は終わり

主として、アメリカでは第一次世界大戦後、日本では第二次世界大戦後、税金の優遇や各種融資の新設によって、住宅の私有奨励、つまり持ち家政策が推進された。企業もそれに便乗し、一般人が背伸びをして買う戸建て住宅、「夢のマイホーム」を大々的に売り出した。

その結果、日本の戦前の持ち家率は1割程度であったのに対し、現在では6割を超えている。[4] アメリカに至っては1960年ですでに持ち家率6割を超えており、現在では7割程度である。[5]

平屋・長屋で家庭を築く、ごく普通の幸せな生活は、ローンで建てる2階建て住宅の出現によって、突然、メインストリームから外れた貧しくて不幸な生活として位置付けられるようになった。

生涯収入の3分の1をかけると言われている不動産の私有が、戦後の資本主義諸国の経済的成功の立役者になってきたことは想像に難《かた》くない。一人ひとりがなるべく大きな家を手に入れることは賛美され、大きな家の流通が滞ることのほうが社会問題として扱われてきた。

このような歴史的背景を省みて、「みんなが家を小さくすれば、消費が縮小してしまうのではないか」と危惧している人もいるかもしれない。住宅そのものに関わる消費はもちろんのこと、家を小さくすれば、家主は家に運び入れるものを厳選し出すから、社会全体の消費活動の縮小に繋がる。

これに答えるためには、二つのことを言わなければならないと思う。第一に、大きな家は贅沢であるということ。第二に、贅沢なものの消費によって回る経済は誰も幸せにしないということ。

まず、第一の点について。

贅沢なものと贅沢でないものの線引きは、いつだって難しい。ただ、各家庭にひとつ、こんなに大きな住居が与えられるというのは、地域的に見ても、時代的に見ても、かなり特殊なことだと思う。こんなことは全世界の人はできないし、先進国だって石油が流入しなくなったらおそらくこうはいかない。

贅沢と言えば、貴金属や、ブランド物の靴やバッグ、家電製品なんかを思い浮かべるかもしれないが、費やされている労働と資源の量からして、家は桁が違う。3坪とは言わないまでも、今の家の大きさの半分になって、一体誰が不幸になるだろうか？誰も不幸にならないとすれば、それは、贅沢なのだと思う。

家を建てている人は、別に、贅沢しようと思って建てているとは限らない。たいてい、「家族のために」と思って、懸命に働いて、やっとの思いで建てている。これが、すごく難しいところだ。

でも、「私はちゃんと勉強して就職して仕事をして結婚もしているのだから、このくらいの家は買って当然だし、買う権利もあるだろう」という考えを認めてくれるのは、自分の周りの限られた人たちだけだ。

そうすると、一番問題なのは、何が現代先進国においてこのような家を建てることを可能にさせてくれているのか、ということに関するグローバルな視点からの知識や情報の不足なのかもしれない。

一部の人たちは、自分たちで勝手に勉強して、自ら判断し出している。1000万円稼いだら1000万円使う資格があるといった、近視眼的な態度を見直し始めてい

る。たとえば、スモールハウスに移り住もうとしているアメリカ人のカップルが、こんなことを言っている。❻

資源のために戦争しているアメリカ人だけが、贅沢な暮らしをするのはおかしいと思う。だから僕らは、スモールハウスに引っ越すつもりなんだ。

裕福な国が、ちゃんと裕福で居続けられるように、世界中を資本主義に服従させるための武力。こういう描き方が100%正しいかどうかはわからないが、当のアメリカ人の中にも、このように感じている人たちがいるということだ。

さて、第二の点のほうがずっと重要だし、ずっと難しい。何でもいいから消費して経済を回すことって、良いことなのか？

お金というのは、本来、労働の対価として何をもらうか保留するためのものであるから、お金が回る、経済が回る、消費が拡大する、ということの背後には、必ず誰かしらの労働がある。だから、労働も含めて、少し大きな観点から整理していこう。

技術や知識は間違いなく進歩してきたし、地球が何億年もかけて貯めた石油を湯水の如く使っている最中だ。だったら、僕ら人間は、どうしていまだにフルタイムで働いているのだろうか？

その理由は、主として、生きるために必要なこと以外にかける労力が、相対的に増えてきたせいだ。

生きるために必要なこととは、たとえば、水・食料の確保であり、住居・日用品の生産であり、情報・交通インフラの整備であり、医療システムの確立であり、それらの根幹を為す教育・研究の推進だ。

では、それ以外のこととは何か。

たとえば、音楽を作ったり聴いたりすること。音楽がなくても、僕らは肉体的には生きていけるが、食料を提供してくれる人がいなかったら、音楽など作ってはいられない。だからと言って、音楽を作るのをやめて、みんなが平等にちょっとずつ食料生産すればいい、とは誰も思わない。食料を効率的に作ることができるようになったからこそ、音楽に専念できる人が出てきた、一般的にはそう考えられている。

このように、豊かになったからこそできるようになったことは多い。

ところが、それと並行して、余計な物やサービスが行き交うようになった。

パチンコやスーパーカーは言うまでもなく、必要以上の食料、必要以上の住居、必要以上の交通インフラもそうだ。医療や教育にすら、本来の目的を超過してしまっている部分もある。これらをひとまとめに「贅沢」と呼ぶ。

さらには、その贅沢をあの手この手で押し売りする行為や、その贅沢を必要不可欠なものとして人々を欲情させる宣伝、その贅沢を支える労働の刹那的な癒しになるようなサービスが氾濫するようになった。

たとえば、先に挙げた「音楽」は、本来、人間の創造性を喚起し、精神性を豊かにする、僕らが誇るべき文化だ。ところが、今、巷に溢れているやかましい音楽は、CMや店頭で垂れ流されていたり、明日の労働と競争へと注ぎ込むための「不自然な元気」を与えるものばかりだ。

宣伝や広告で飾り立てることによって消費者の需要自体が捏造され、人々が要りもしないようなものを買い漁り、不必要な生活水準を喜び、それらを手に入れるための過酷な労働の癒しとして、さらに刺激的な娯楽やサービスが生まれる。

わざわざ需要と供給を作り出す、こうした自分で自分の首を絞めるような経済は、「空回り《からまわ》」と表現するに相応しい。豊かになった、GDPが増えた、お金が増えたと言えば聞こえはいいが、実のところ増幅しているのは欲望や嫉妬心と退屈で過酷な長時間労働だ。

空回り経済は、働いている本人も幸せにしないし、欲望や嫉妬心に支えられた労働が他人を幸せにすることもない。

以上のすべてを、「経済効果」「消費向上」と称して、安易に一緒くたに扱ってしまうのが、現代（日本）社会だ。「日本を元気に」させることは、やみくもに消費を向上させることではないはずだ。

家を小さくすれば、確実に消費は縮小する。逆に、今よりもっと大きな家を求めるようになれば、消費は拡大する。

しかし、「コレコレは経済を回している」「コレコレは消費を拡大している」という結論が無条件に話の落とし所となる時代は終わった。これからは、何によって、何を目的に、経済が回っているか、それが重要になる時代だ。

「住宅私有による経済効果」を無条件に賛美することも、必要な物を効率的に行き渡らせる経済と、不必要な物で空回りしている経済とを、混同していることになるだろう。

この玉石混淆の経済に巻き込まれてゴチャゴチャしてしまう前に、「生きるために必要なもの」が何であって、どうしたら自由を犠牲にすることなくそれらを手に入れることができるのか、指折り数えていったらできあがったのが、アレクサンダーの家だ。

家のローンや、毎月の公共料金の支払いというプレッシャーのもとでは、自由なんて得られないよ。

衣食住という言葉が示すとおり、家はなくていいものではない。しかし、アレクサンダー邸のような家が、ほんの数週間、100万円足らずで建つとすれば、30代でローンを設定し、定年近くまで払い続け、その間に何か起こればたちまちブラックになってしまうような状況は、明らかにおかしいのだ。

彼は仕事に追われるでもなく、ローンに追われるでもなく、少量の現金収入を得るために町へ出て行く短期間を除いては、愛犬との狩りや釣り、養鶏や畑仕事を自分のペースで楽しんでいる。

❶「すまいの建築費用」(一般財団法人経済調査会)。
❷2010年のローン返済額の月平均は10万2069円、可処分所得に対する割合は20・6%。

「家計調査」（総務省統計局、２０１０年）。

❸２００８年の東京都の１人当たり固定資産税は10・３万円、沖縄県は４・４万円。ただし、課税対象１人当たりなので、住宅単位ではさらに高い。「社会・人口統計体系」（総務省統計局、２００８年）。

❹２０１０年の日本の持ち家率は61・９％。「国勢調査」（総務省統計局、２０１０年）。

❺２０１０年のアメリカの持ち家率は66・９％。ピークは２００４年の69・０％。「The United States Census Bureau」。

❻「News モーニングサテライト」（テレビ東京、２０１１年10月21日）。

第5章　誰でも手に入るローカルユートピア

最初は二地域居住から

自分で小さな家を建てて、もちろんキャッシュで何もかも払い終え、その聖域に好きなものを詰め込んで、あとはまぁ、日々お腹一杯食べていけさえすればそれでいい。そんな、単純で、魅惑的で、しかも誰でも実行可能なアイデアを、天啓のように閃いてしまった人をもう一人、紹介しよう。

大都市メルボルン（オーストラリア）で部屋を借りて住んでいたデヴィッド・ベル(David Bell)は、メルボルンから200kmほどの場所に、約2000平米の日当たりの良い土地を安く買って、都市と地方との二重生活を始めた。仕事に疲れ、働いたそばから給料が家賃に消えていくことに疑問を感じての決断だった。

週末に現地へ赴いて、セルフビルドで家を建て、少しずつ生活環境を整え、時期をみて完全移住した。

都市部には仕事があるが、土地が安く買えるような地域には仕事がないことも多い。

小さなソーラーパネルと雨水タンクを備えたベルのスモールハウス

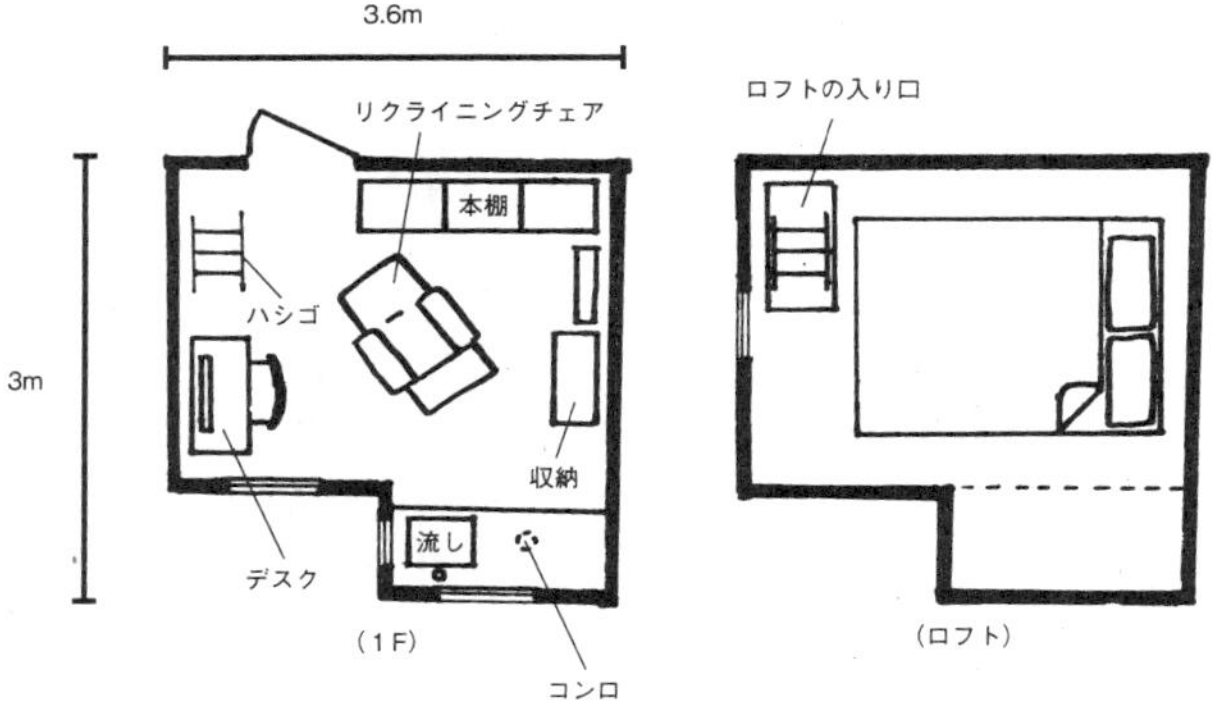

ベルのスモールハウスの間取り

しかしベルは、至って楽観的だ。

> なにしろ、家賃やローンはもう一生かからないし、野菜をたくさん作ってるから、食費だってかからない。つまり、生活費なんてほとんど要らないんだ。

むしろベルは移住してから、負債や失業の恐れから自由になることのほうが精神衛生上どれだけ重要であるかを知ったという。

経済から自由になる

快適な暮らしをするために働いて、そうかと思えば、働くために快適な暮らしを整える。この個人の空回りが積み重なって、社会全体の空回り経済ができている。それを知っていたからこそ、ベルは移住したのだと思う。

なにしろ、先進国で普通に生活している限り、無駄に物を作ったり売ったりしているような経済と無縁ではいられない。

たとえば、パチンコやテレビＣＭ、極端なファッションや嗜好品、どこかのタレントのやかましい歌など、自分には関係ないと思うものでも、それによって誰かが無用に経済を回せば回すほど、ラーメン一杯８００円もしたり、学費に１００万円単位のお金がかかったり、それこそ土地と家屋を手に入れるのに４０００万円も持って行かれたりして、社会全体の物価の高さとして、国民の一人ひとりにツケが回ってくる。同じテンポで経済活動に参加しなければ、まともに生きてゆけないようになっている。

こうした経済全体と無縁になることは事実上不可能だし、お金という便利な存在を否定する極端な方法も賢くない。しかし、要・不要の賢明な見極めによって「空回り経済」からある程度の距離を置き、それによって自由を獲得することはできる。

豊富なお金を手に入れれば、「経済の中で」いろいろなことができる自由、たとえば、大きな家を買うことができる自由を手にすることができるだろう。

でも、短期間でそれができる人は、極めて頭が良いか、相当に運が良いかのどちらかだ。頭の良さや運の良さは相対的なものであって、国内外に自分よりも頭が悪かったり運が悪かったりする人がいるからこそ富の偏りができる。したがって、万人が同時になし得る一般性のある方法ではない。

普通の人間が長い時間をかけてお金を稼いだところで、それによって得られた自由を行使する頃には人生は晩年に差し掛かっている。ましてや、借金をして物を買うような行為は未来の時間まで拘束してしまうのだから、いくら豪華な物を買ってもとても自由とは言えない。

一方、少ないお金で生きてゆけるように工夫することでも、自由を得ることはできる。こちらは、高消費を迫る現行の経済に無用に巻き込まれず、距離を置くという意味では、「経済からの自由」と呼べる。

「経済からの自由」を確保するためには、最初からお金などほとんど必要ない。必要なのは、生きていくための最低限の生活が何であるかということを、既存の経済に惑わされることなく自分の頭で再確認することと、それ以上の重荷になることを寄せ付けない精神力だけだ。

「寄せ付けない」と言っても、僕らは、娯楽や贅沢や生活水準というかたちで、その「重荷」を生まれたときから背負っているために、背負っていることにすら気付かない。そうして、いざという時に重荷を下ろすことを思いつかないことすらある。

現代では、「経済からの自由」の価値はずいぶん低く見積もられていて、むしろ、責任のない身分というのは、社会人としてよい印象を持たれないことすらある。逆に、何か責務を背負って生きている人、常に何かやるべきことを抱えて忙しそうにしている人が、概してまともな人間として認められている。

人によっては、そもそも仕事のない人生など考えられないという人すらいるかもしれない。忙しくてもそれなりに充実感を感じ、面倒はあれども仕事を中心に人間関係が広がり、週5日間、朝から夜まで働くことに特に違和感はないという人もいるかもしれない。そういう人は、仕事を辞めてまで手に入れた自由で、一体何をしようというのか、不思議に思うだろう。そういう人が無理にベルのような生活をする必要はない。

しかし、たとえば、その「忙しさに対する充実感」なるものが、一体どのようにして生じてきたのか疑問を抱き、その感情に距離を置き、その感情を解体し始めてしまった人にとっても、スモールハウスによって「土地持ち、マイホーム持ち」になって、衣食住の心配なく自由に生きてゆける可能性が開かれている。

もちろん、スモールハウスと労働形態とは本来何の関係もなく、ジョンソンのようにメインストリームに属したままスモールハウスに住む人のほうが多数派だ。でも、ベルが身をもって証明しているのは、こういう使い方もできるということ、つまり、決心さえつけばいつでも「空回り経済」から自由になれる、ということだろう。

成熟した資本主義社会で個人的なユートピアを作る

「空回り経済」から自由になると言っても、ベルは、目を血眼《ちまなこ》にして日常生活の中からその要因を排除しようとしているわけではない。大量生産された日用品、過剰とも言えるほどに整備された交通・情報インフラなど、先進国ならではの恩恵を受けながらの生活だ。

それらの恩恵は、ある程度は「空回り経済」に依存しているのかもしれない。しかし、現代のアメリカや日本に居ながらにして、「空回り経済」からの自由を追求し過ぎることは、高度な社会基盤が現に存在する以上、非効率的である。自由を求め過ぎた結果、息が詰まって生活に不自由を感じるとすれば、それこそ本末転倒というものだ。

それよりも、資本主義社会を逆手にとって、すでに確立された豊かさからある程度の恩恵を受けつつ、一方で、自分自身の消費を抑え、なるべく自由気ままに暮らすほうが賢明だろう。スモールハウスの住人の大半は、多かれ少なかれ、そのような肩の力の抜けた考え方をしている。

大雑把に言って、共産主義は個人が富を搾取して抜きん出ることを禁じているのに対し、資本主義において周囲と同水準の富の追求を放棄して逸脱することは禁じられていない。細かいことを言えば、アメリカでは建築物を建てる際の最低面積が存在するし、日本でも勤労の義務があるのは周知の通り、「生計の途がないのに、働く能力がありながら職業に就く意思を有せず、かつ、一定の住居を持たない者で諸方をうろついたもの」は軽犯罪法に違反する。つまり、ヒッピーは日本では認められていない。しかし、これらは極端な話であって、年収100万円以下でそれなりに生きていくという選択肢を禁ずるものは何もないのだ。

そこで、資本主義の成熟した豊かな国家で、ほんの少しだけ生活水準を妥協したり、余計な贅沢を放棄したりすれば、局所的なユートピアを作り上げることができる。

スーパーは人を選ばず食べ物を売ってくれるし、宅急便は小さい家にもちゃんと荷物を届けてくれる。不況だなんだと言っても非正規の働き口はあるし、スモールハウスに住んでいるからと言って時給を下げられたりはしない。ましてや燃料になるものがなくて凍えるとか、水が手に入らなくて死んでしまうとかいったことはあり得ない。

就職難、不況、リストラ、などということが盛んにニュースに取り上げられるが、そもそも安定した仕事なんて転がっているほうがおかしいのだ。誰かが雇ってくれて、仕事を指定してくれて、永遠に給料をくれるはずだという前提が間違っている。

僕らはどうしても、住処や食料を探す前に、お金を探してしまう。たしかに人間は、野生動物よりも多少、寒暖の変化や病原菌の攻撃に対して肉体的に弱いかもしれない。だから、森の中で手ぶらで生活することはほとんどできない。

しかし、人間は猿よりも頭がいい。それも、書類をいじったり、宇宙の事を考えたりするというような、人間特有の頭の良さだけでなく、単に周りの環境を利用して生活していくという動物と共通の頭の使い方においても、やはり人間のほうが頭がいい。簡単な小屋を作ることはほとんどすべての人間ができることだし、あまつさえどのように屋根を取り付けたら水が一滴も屋内に入ってこないかを考えることすらできる。猿にはこれができない。もっとも、人間も、それらの頭の使い方を一時的に忘れてしまっている可能性はあるが。

だから、人口の何割かの成人後の最初の目的が、まずスモールハウスを建てて自給用の10坪の畑を耕すということであっても、おかしくはないはずだ。就活の時期になると、各大学のキャンパスでは、やれ住友だのやれ電通だのという会話でザワザワとうるさくなるわけだが、一部のスモールハウス組は、「おれは薬物中心でいく」だの「やっぱりイモ類が安定している」だのとざわめくことになる。

それと同時に、多少の現金収入を得たり、既存のインフラや物流の恩恵を受けたりすれば、かなり効率の良い生活ができる。

少なくとも現代のアメリカや日本で少数の人間がこういった生活を選択し、各個人のローカルユートピアを作ることはできる（「ローカル」は、「自分の周りだけの局所的な」の意。「地域的な」の意味ではない）。つまり、過剰に働かなくても、平和で健康的な生活が満たされており、かつ自由が確保されている状態だ。

その状態が、昔の人の知恵の蓄積によって、現代の地球全体で成り立っていれば立派なユートピアだが、同時代に生きる人の労力の恩恵を受けて成り立っている可能性があるから、とりあえず控えめに、ローカルユートピア、と呼んでおこう。

試行錯誤でいい

持続的生活や循環型生活と聞けば、田舎の大きな家屋と、広い田畑を想像するかもしれない。でも、スモールハウスでこぢんまりとやることだってできるのだ。

ベルの家は、築面積10平米とスリーピングロフト。築面積が10平米を超えると、建築規則や建築許可が面倒になる。この点は、日本とだいたい似たような事情らしい。この面積制限を回避するために、トイレは母屋の中に作らず別棟で設置、母屋をなるべく広く使えるようにした。

雨水タンクやソーラーパネルを完備しており、オフグリッド仕様になっている。集められた雨水は、専用のセラミックフィルターを通すと飲むこともできるくらいにきれいになる。ソーラーパネルは85ワットという小規模ながら、夜の照明、スピーカーシステム、ラジオ、携帯電話、iPod、ノートパソコン、カメラ、コーヒーのグラインダーなどに使う電力をすべて賄っている。

小規模ソーラー発電の弱点は恒常的に電力を使用する冷蔵庫だ。ベルは、土瓶の周りを湿らせてその水分の蒸発によって瓶の中を冷やす、ポットインポットと呼ばれる昔ながらの方法によって、電気を使わずに年間を通して10度以下を保っている。

また、ベルの住んでいる地域は寒さよりも暑さが厳しい。そこで彼は通気口をいくつも設置し、室内の空気が自然に流れるように工夫している。天井に取り付けられたシーリングファンは、外部の風の力が直接的に駆動力となって室内で回転するようになっている。風力発電で一度電気エネルギーに変えて扇風機を使うよりも、エネルギー効率がいい。

持続性という概念に対する考え方も、他のスモールハウスの住人たちとよく似ている。経済的自由（いくらでも使える、ということではなく、借金がない、毎月出て行く固定費が少ない、ということ）や、時間的自由（オフグリッドで生活するために多少のメンテナンスは必要だが、気が向いたときにやればいい）といった個人的な幸福を追い求めていくと、気付いたときには、自分だけでなく地球にも優しい家と生活ができあがっている。何の難しいこともない。

ベルは、どこぞのエコロジー関連コンペに出展されていた、ハイテクを駆使したエネルギー自給型・未来住宅（もちろん、モダニティを強調してキューブ型をしている）を皮肉っている。

問題は、それが云千万円もする、ということだ。

自然光を採り入れ、換気口を工夫し、受動的な空調を促す。雨水を集め、電気を作り、排水は菜園に戻す。ベルはホームセンターで簡単に手に入る資材の範囲で、何千万円もかけることなく、ハイテク住宅に匹敵するような循環型生活を完成させている。

いくらスモールハウスといえども市販のものを買えば数百万円はするし、一から自分で作りあげるにはそれ相応の知識や技術が必要で、特に貯金も技能もない人には縁のない話だと思うかもしれない。

しかし、ベルの生活は、原理的には誰でもゼロから実現可能だ。ベルは建築家でもなんでもない、一介の市民だ。千万円単位の蓄えがあるわけでもなく、親が遺してくれた土地や建物があるわけでもなく、建築や農業に関して特別な知識や経験があったわけでもない。ベルのエピソードは、特別な技能を持たない普通の市民でもアレクサンダーのような持続的な生活を手に入れることができる、ということを教えてくれる。簡素で自由な生活をするためには、何かの達人である必要はない。あるいは、今でも田舎に行けばたまに見かけるような、農業から山仕事からなんでもやってしまう、第一次産業のエリートである必要もない。もし特殊な知識を持った人間でなければできないと考えてしまうとすれば、この分業社会から逃れることのできる貴重なライフスタイルに、再び専門性の呪縛をかけているようなものだ。

最初から綿密な計画がある必要もなく、ベルはまず土地を買って、それから具体的に家のことを考え、そして畑仕事でもしながら現金収入のことを考えた。

将来アレをするためには、今コレをしなければならない、というガチガチに固められた逆算型のルートではなくて、その都度その都度、試行錯誤で生活を作っていける楽しさがある。

日本でも同じことだ。いくら地価が高いといえども、100万円あれば、都内から1～2時間でアクセス可能な小さな土地がいくらでも手に入る。

建材だって、木を伐り倒すところから始めるわけじゃない。ホームセンターでお金を出せば、使いやすく整えられた木材を安く買うことができる。セルフビルドが不安なら、数十万円のキットハウスが設計図付きでいくらでも売っている。

そうしてまずは、生きていくにはこれで十分だと思える最低限の家と生活を確立する。あとは負担が増えない範囲で、生活をほんの少しずつ豊かにすることを楽しめばいい。

たとえば、ベルは電気を使わない冷蔵設備を工夫しているが、これは必要に迫られてやったのではなく、すでに冷蔵庫なしの生活が確立されてから、試しにやってみたものだ。なくてもかまわないが、あったら便利だし、それを使うからと言って何か負担が増えるわけでもない。

つまり、毎日の生活の出発点がプラスマイナスゼロに落ち着いている。何をしてみてもいいけれど、何もする必要はない。一方、必要以上の生活水準を求めると、毎日はマイナスの出発点になる。毎朝、石でも背負っているかのような状態で起床しなければならなくなる。

晴耕雨読とはまさにこれなり

室内にはリクライニングチェアがひとつ。周囲は、ベルの好きなたくさんの本と、絵画、音楽で囲まれている。彼はそれらを、「宝物」と呼んでいる。そのチェアに身を委ねて本を開きさえすれば、頭の中に広がる精神世界でいくらでも楽しむことができる。物思いにふけったり、映画を見たり、昼寝をしたりするのもそのチェアだ。

ベルの家にはノートパソコンも備えられ、インターネットに繋ぐこともできる。しかし、大都市で働いていた頃は頻繁に用いていたインターネットも、スモールハウスに住むようになってからどうも気が乗らないのだという。ネットで得られる大量の断片的な情報よりも、ますます本が好きになり、最近はトルストイを中心にひたすらページを繰っているということだ。

彼とやりとりをしていると、必ず文豪の表現を引いて説明してくれる。いわく、「本は自分の内部の凍った海を打ち砕く斧」なのだという。カフカの一節だった。彼は本当に本が好きなのだ。

日中は畑を耕して作物を近くの市場へ売りに行ったり、簡単な手仕事を引き受けて現金を得たりしている。

> お金がなくて、どうせこれ以上のものは建てられなかったんだよ。でも、暖かいし、何の不自由もない。これで必要にして十分だって、すぐにわかったね。

土地に55万円、建物に75万円。お金がなかったのは事実だが、結局のところ、彼はそれを自らの意志で選んだのだ。

彼には婚約者がおり、家族で住めるようにするためのプランを語っている。10平米のスモールハウスをもうひとつ隣に作って、ドアをつけて繋げるのだそうだ。そうすれば建築確認を通さずに素人業で家を建てることができるのだという。

彼は『森の生活』の著者ヘンリー・ソローを敬愛しており、「大きな家と大きな負債を背負って周囲の自然世界を味わう時間のない生活は馬鹿げている」というソロー

小さな家の中には、本と絵画が詰まっている

スリーピングロフトへと通ずる梯子

の哲学が、自らの生活や、スモールハウスムーブメントの基盤になっていると語る。今度は、ソローの言葉で以下のように説明してくれた。

スモールハウスは、「大衆を静かなる自暴自棄へと導く」ような負担から逃れるための第一歩だよ。

「空回り経済」は何を犠牲にしてきたか

ベルのように、雇われ仕事を辞め、賃貸アパートを飛び出し、スモールハウスを建て、その結果、何を手に入れるのだろうか。そこまでして経済的自由や時間的自由を求める理由は何なのだろうか。

それは、物や情報が行き交うための中継地点となる以前の、人の心だ。これこそ、地球環境破壊と並んで、「空回り経済」が犠牲にしてきたもうひとつの側面ではないだろうか。

与えられた情報をどう処理すればいいか、渡された物に何を加えてどこに持って行けばいいのか、投げかけられた言葉にどう返事をすればいいか、ルールを仕込まれ、機械化される以前の人の心。そうして仕込まれた表層的な人格を、いくつも抱え込むようになる前の人の心。物や情報の単なる処理方法であったはずの表層的な人格が、やがてすべてを支配して、経験を捨象して、見るべきものとそうでないものを勝手に選別してしまうようになる前の人の心。

飛行船のゴンドラの中や、屋根の付いたボートの上、湖のほとりの小屋、現代的なところではキャンピングカーでもいいが、そんな一部屋か二部屋の空間に、自分が本当に必要だと思うものだけを持ち込んで、そこに自分の宇宙を作って暮らしたいと――少なくとも子供の頃には――考えたことはないだろうか。

その想像の中では、住空間の小ささと物の少なさに比例して、大きく開かれた自分の意識を感じ、世界の主役になっていたはずだ。自分という人間は、紛れもなくひとつの存在であり、他にはない唯一の存在であり、これまでもこれからも変化しながら続いていくもの。そのことを決して疑うことのない平穏で満たされていたはずだ。自分が出会ったものすべてに対して、自分が出会ったというただそれだけの理由によって、特別な意味を与えることができる。そのことを確信できる喜びで満たされていたはずだ。

ところが、現実の社会はどうだろう。物と情報の流通が、金儲けを目的とする集団に掌握されてしまっていて、僕らの生き方ですら操られ、すり替えられ、それらなしでは満足できないくらいに、つまり、「経済の中での自由」によってしか幸福を得られないように、支配されてしまっている。それどころか、そうした支配に加担しなければ、給料すらまともにもらえないことになっている。これこそが、「空回り経済」の姿だ。

時間がないとかお金がないとかいったことは、実際、たいしたことではない。空回り経済の本当の罪は、それが「人の心」を巧妙に支配して、金儲けや消費に関する絶対的な礼讃の倫理を作り上げてしまうところだ。嫉妬心を煽られて消費行動に走らされたり、物を効率的に大量生産するための歯車になったり、そうして手に入れた大きな車に乗って忙しく走り回ることが心の底から好きな人間など、本当は一人もいないのではないだろうか。

今はまだ、そうした経済至上主義の大行進から自ら離脱する人は少ない。理由のひとつは、離脱のための具体的なプロセスが確立されておらず、「メインストリーム」という得体のしれない安心感を捨てきれないからだろう。その「メインストリーム」の軸になっているのが俗に言うマイホームであって、したがって、離脱のための具体的な手段になり得るのがスモールハウスではないだろうか。

独りの時間を大切にする

「人の心」の核にあるのは「独りの心」だと思う。そして、情報過多、コミュニケーション過多の今の時代に、最も犠牲になっているのも「独りの心」だと思う。

ベルが一人で作りあげた、自分の身体にぴったりのリクライニングチェアと「宝物」のある小さな空間は、それまで彼が「独りの心」を渇望していたことを物語っているんじゃないだろうか。

スモールハウスのような小さく閉じられた空間は、その中にいる人間の「独りの心」を守り、意識を大きく開くことを可能にしてくれる。

おそらく、私たちは、外部との交流がある開かれた空間では、生活上の現実的な問題に対処するために、無意識のうちに記憶や想像を抑圧したり、逆に反芻したりして、その濃淡に序列をつけ、想起するルールを作ってしまう。物や情報のインプットに対してアウトプットを返す、いわば関数的な存在に徹する必要があり、このとき自己意識は閉じられてしまう。

自分の全経験に対して、差別なくアクセスできるようにするためには、つまり、意識を大きく開くためには、物理的に外界から閉ざされ、生活環境を隔離して、平穏を獲得する必要がある。開かれた空間に居ながらにして自分の内的な意識世界に浸れるような、偉大な芸術家のような魂は、普通の人間は持ち合わせていないのだろう。

動物の巣は、雨風を凌ぎ、体温を保持し、外敵から身を守り、時には食料を蓄えたりするという、まさに動物的な理由によって存在している。生きるために周囲の自然に少しだけ手を加えて、外的環境からの影響をコントロールする。

しかし、僕ら人間が子供の頃によくやる秘密基地遊びや、家の中にダンボールや布で作る小さな空間を思い出してみれば、どうも人間の営巣本能は、そのような動物的な理由のみに動機付けられてはいないようだ。外敵から身を守るためにわざわざ山の中に基地を作ったり、何があっても壊れそうにない家の中で、さらに暖かく寝るための小さな家を作るだろうか？

スモールハウスに入れるのは、動物としての肉体よりも、人間としての精神だ。自分の意識しか行き届いていない空間を作るということは、ひとつの擬似的な自分専用の宇宙を作りあげるということだ。そこでは、自分の意識が膨張して宇宙全体に行き届いているかのように感じ、その宇宙に存分に没入して暮らすことができる。

そのためには、その空間は適度に狭いほうがよく、全能感、コックピット感を与えてくれるものでなければならない。余計な物、見知らぬ物が置いてあってはならないし、すべてが目と手の届く範囲にあるのが一番いい。また、安易に他人の視線を浴びたり、他人がズケズケと入ってこられるような空間であってはならない。スモールハウスの住人の中には、こうした閉所嗜好者も少なくない。

僕らはある時、ここを中心に世界が広がっていることに気付く。他人からは絶対に知りえない記憶と経験と想像の世界、今にも暴発しそうな自由、そして、それらを束にして一人の人間としての同一性を保持している「自我」という存在に気付く。

同時に、その自我を抑制して思考形態を塑像しようとする外部からの圧力と、内的な世界などないかのように、あるいはいとも簡単に共有されているかのように成り立っている社会にも気付く。

それらに抗うように、子供はダンボールハウスを作り、大人はスモールハウスを作るのだ。

僕らが、閉じられた小さな空間によって得るあの不思議な感覚は、「守られている」といった動物的な理由よりも、むしろ、このように、当たり前すぎて普段は気に留めることのない自分の意識とまともに向かい合うことから来ているのではないだろうか。

第6章　質素な生活と高度な思索

最も贅沢な暮らし

ダイアナ・ローレンス（Diana Lorence）は、カリフォルニアの森の中に建てた約13平米の家で、夫と二人で電気のない生活を営んでいる。立ち並ぶ大きな樫の木の間に、すっぽりと納まってしまうほどの小さな家だが、威厳のある黒の外壁と、その壁にうずまっている石造りの煙突が目を引く。

森の中で、電気もないといえば、何百年も前の野生的な生活を思い浮かべるかもしれないが、彼女の木の家には、むしろ、モダンな商業ビルよりも理知的で、神社のように荘厳な空気が漂っている。

夜は、暖炉やロウソクの灯りが部屋を照らす。静まり返った森の中で、時折、鳥が鳴き、コヨーテが遠吠えする。来客の多くが、彼女のスモールハウスに関して口を揃えて言う言葉は、「静穏」であるという。

森の中に佇むローレンスのスモールハウス

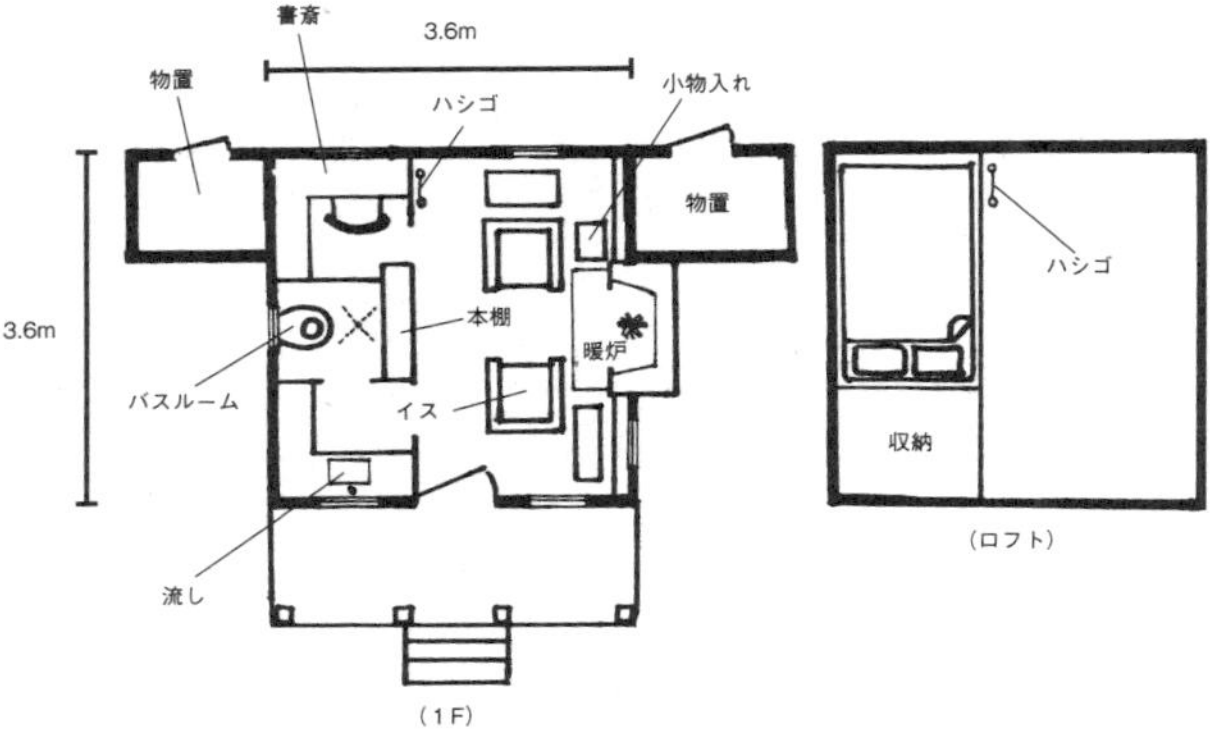

ローレンスのスモールハウスの間取り

電子機器は使えないので、彼女にメールを送っても返ってくるのは彼女が自宅を離れてパソコンを使うことができるようになる数日後だ。反射的に、不便ではないのかという思いがよぎるが、そんな懸念は、すぐに圧倒的な羨望と憧憬の感情で押し流されてしまう。彼女は、メディアやコミュニケーションツールという散弾銃によって、およそどうでもいい情報や用事を撃ち込まれ身を切り刻まれることとは、ほとんど無縁なのだ。

彼女は、その家を Innermost House と呼んでいる。Innermost という言葉は、「最も内部の、奥深いところにある」というような意味だ。彼女は、森の中という位置的な意味ではなく、自分の内的な世界の最深部に触れることができる、という意味を込めてその言葉を使っている。あえて訳すとすれば、「深遠住宅」ということになるだろうか。

電気はなく、水も本来果樹園を灌漑《かんがい》すべきパイプから引っ張ってきている。夏は木立の涼しさに任せ、冬は暖炉に薪をくべて過ごす。にもかかわらず、彼女は自分の暮らしが非常に贅沢であるという。

最も贅沢な暮らしというのは、自分が本当に好きなものと共に暮らすこと。

彼女にとっての「本当に好きなもの」とは、スモールハウスの中で信頼できる人と交わされる、静かな会話だった。

感覚を研ぎ澄ます シンプルな生活

所持品のひとつひとつは、機能美の元に整えられている。ロウソクと薪、それに火を灯すためのマッチ、あるいは、調理用の鉄鍋、スプーンとフォークが2本ずつ、毎日使うものしか持っていない。

家を構成する要素も、「必要の見極めと自由の極限」によって導き出され、それは必然的に、書斎がひとつと、スリーピングロフト、ポーチ、そして家の中心に据える暖炉なのだという。

朝起きてから、どこに行って、どの道具を使って、何をすればいいのか、すべて決まっている。生活は極めて機械的かつ省力的に回っていて、生活のために頭が使われることはほとんどなさそうだ。おそらく彼女は、家にあるものすべてを空で言えるだろう。

彼女は、それ以上何かを便利にしたり、あるいは、多様な調理器具を買い入れて食にバラエティを与えたりすることには、まったく興味がないようだ。というのも、そんなことによって増えるわずかな幸福は、信頼できる人との会話によって得られる幸福の足元にも及ばないと、彼女は知っているのだ。

そうして、余計な物が寄り付かないスモールでシンプルな生活では、感覚が研ぎ澄まされ、精神的な活動を助長してくれるのだという。

> それはまるで、耳に手をかざしたり、目にレンズをあてているかのようです。すべての物事が拡大され、増幅され、強調されて感じられます。

誰でも、何かに集中しようとするときは、余計な物事をシャットアウトする。彼女の場合、毎日、そして、家の全体、生活の全体から、余計な物事をシャットアウトしているのだ。

会話のために整えられた空間

ローレンスのスモールハウスの内部は、五つの部分から成っている。リビング、キッチン、バスルーム、書斎、以上がたった13平米の階下の間取りで、リビングを除いた三つの部屋の上部にスリーピングロフトがある。

来客はリビングの椅子に腰掛け、周囲を見回しながら、まったく狭く感じないことに驚く。来客もまた、彼女や、彼女の夫との会話を求めて、その家を訪れる。だから、余計な物が置いてある大きな家よりも、会話に専念でき、会話が広がりゆく家のほうが、ずっと広く感じるのだろう。

内壁はすべて、漆喰の表現する自然な白で統一されている。本物の味を出すためには、本物の建材を使うのが彼女のやり方だ。もちろん、余計な柄や装飾は一切ない。

リビングの東側には小さな暖炉があり、西側には本棚がある。暖炉は、煮炊き、暖房、照明のすべてを担っている。シャワーのための温水も、薪をくべて沸かす。彼女の家には、電気やガス、ソーラーパネルも含めて、薪以外の熱源は一切ない。

本棚の本は、家に広がる世界が外の世界との繋がりを保つように、注意深く厳選されている。そして、南北に対座する形で、二つの椅子が近すぎず遠すぎない距離をあけて置かれている。こうして、暖炉と本棚と二つの椅子で囲まれた空間が、その椅子に座る二人の会話のために整えられる。

暖炉の火を見つめ、同様にして火を囲んだであろう太古の人々から連綿と続く、人類の記憶に思いを馳せながら、時として本棚の本の客観的な知識に伺いを立てつつ、対座する相手との会話を深めていくのだという。

ローレンス夫妻は多くの時間をそこで過ごし、時としてゲストもそこで迎え、あらゆることについて言葉にし、理解を共有し合う。その空間に極まっているのは、ワーズワースが唱えた「質素な生活と高度な思索」だ。

リビングには、暖炉を挟んで椅子が２つ

家は小さくても、暖炉にはこだわっている

家と人生とは切り離せない

ローレンスが、家の細部にまでこだわって、「会話」を大切にするのにはわけがある。

私は子供の頃から、自分の内的な意識世界と、外的な世界との狭間で、ずっと沈黙の中にいました。周囲の人が理解しているように見えた外的な世界の意味を共有することもなければ、自分自身の理解を形作る力もないと感じていました。

彼女の戸惑いは、おそらく、こんなことだ。

僕らは、世界をただぼんやりと眺めているだけではない。自分の感情や、身体感覚、科学的知識、経済の流れ、政治的イデオロギー、価値観、信仰、宗教などによって、さまざまな「意味」を外的な世界に読み込んでは、そこに世界像や文脈を描き、それを内的な意識世界の中に取り入れつつ、日々生きている。

そうした内なる意識世界と外なる世界とを結んでくれる「意味」を共有して初めて、他人と関わり、意思疎通することもできる。それができなかった彼女は、周囲から置き去りにされ、その欠落した「意味」を手に入れる方法を探し求め、実に人生の半分を費やしてきたのだという。

そんな中、彼女は、夫のマイケル・ローレンスと出会った。そして、マイケルと共に時間を過ごす中で、他人との間で紡ぎ出される「言葉」によって世界が意味付けられることで、初めて自分は周囲の世界と関係付けられる、そう確信した。

かのヘレン・ケラーは、「ウォーター」という言葉を初めて知り、今自分が触れている個別的なウォーターではない、「ウォーター」という普遍的な存在を感じ、それによって他人と世界の意味を共有していけると気付いた。自分の内的な世界から、外的な世界へ通ずる道が開けた瞬間だった。

ローレンスが、ある日突然、「言葉」に開眼したのも、ヘレン・ケラーの体験とよく似ている。

普通の人は、ごく自然に「言葉」と出会い、付かず離れずの一定の距離を保って、「言葉」と付き合っている。人生の途中まで「言葉」を受け入れなかったという、ローレンスの感性は、非常に独特なものだ。

さらに、彼女は、単なる「言葉」ではなく、「会話」に重きを置いている。おそらく、単に音声や記号としての言葉があるだけではだめで、そこに、他人に対する信頼、あるいは「愛」と呼べるようなものが、伴っていなければならなかったのだろう。

スモールハウスの中で精神を開放して交わされる問いと答えが、より深いレベルで人生を感じさせ、自分が何者かを見出し、世界を意味付けてくれる。新たな会話のたびに、新たな人生、新たな自分、新たな世界が立ち現われる。

だからこそ、彼女は、Innermost House は Innermost Life そのものであり、家を人生と切り離して考えるのは不可能であると言う。その家は、人生のための単なる道具ではなく、人生そのものを意味付け、人生を確固たるものとして存在させてくれさえする場なのだ。

意図的にシンプルにすることと、自然にシンプルになること

ローレンスは「生活をシンプルにするための二つの方法」と題して、こんなことを言っている。

> ひとつは、自分にとってあまり重要でないものを意図的に消去していき、必要なもののみを残す方法。これは、理性のなせる業です。
> いまひとつは、自分が本当に好きなもので生活を満たし、その他のものが自然に振り落とされていくのを待つ方法。これは、愛のなせる業です。

ローレンス自身は、二つの方法のうち、前者の意図的な方法ではなく、後者の自然的な方法によってシンプルになるのが望ましいと考えているようだ。

彼女は、家や生活を意図的にシンプルにしようと努めたことはないと言う。彼女の家がシンプルなのは、不要なものを意図的に削ぎ落としたからではなく、彼女が最も愛する「会話」を中心に、それに必要なものだけが自然に集まってきた結果だ。

夫婦はその家を狭いとも広いとも感じたことはなく、互いの声が反響し、言葉が行き交うために、最も適切な大きさであると言う。

ローレンスのような、「自分が本当に好きなもの」にしか見向きもしないような生き方は、たしかに理想的で、誰もが憧れるだろう。

一方で、現実的な社会の中で生活をシンプルにしようとすれば、自分を外側から客観視して、不要なものを意図的に遠ざけ、手放す努力をしなければならないこともある。理由は、以下のとおりだ。

第一に、今の世の中はスタートがシンプルではない。気付いたときには、すでに、物、情報、規則、責務、常識、外聞、人間関係などによってがんじがらめになっている。「自然に任せる」と言っても、自分にとっての「自然」が何なのか、ゴミの山を掻き分けていかなければ見えてこない。自分に素直になれ、直観を信じろと言われても、簡単な話ではない。その中でシンプルになるためには、やはり、ひとつひとつ自

ロフトには収納と布団があるだけ

部屋を明るくせずに、太陽光の陰影を楽しむ

分に問いかけ、選別するような理性が必要だ。

第二に、「シンプル」という概念に関心が行くのは、主として、自分の生活がシンプルから遠ざかり、余計なものが目に付いてしまうときだ。その「余計なもの」を引き寄せ、集めてしまったのは、自分自身なのであるから、そのような自分自身から自然に枝葉を伸ばしていっても仕方がない。時には、自分のこれまでの人生の無価値を認め、部分的であろうとも過去を手放す必要がある。過去に引きずられないよう、自然的な感情よりも理性を優先して、自分の抱えているものを意図的に整理しなければならない場合がある。

第三に、そもそも、「自分が本当に好きなもの」がよくわからなくなってしまうことこそが、いろいろな角度から物事を客観的に眺めようとする、人間の特性であるように思う。僕らは物事を自分中心に整理するだけではなく、もしも自分が別の価値観を持った存在だったら、ということを考えることができる。そこに「迷い」が生じる。他の動物は自分の好きなもの、欲しいものがわからなかったり、手放すべきかどうか迷ったりはしない。ある物を目の前にして、「これは必要だろうか?」と悩むのは、いかにも人間らしい。「迷わないこと」や「直観に従うこと」は、とかく、賛美されがちだが、人間の特有性は、むしろ、あれかこれか、立ち止まって考えてしまうことのほうにある。

ローレンスが「自然的なもの」を強く求め、「意図的なもの」を遠ざけようとする傾向は、おそらく、彼女が前半生において、他人と世界の意味を共有することができず、沈黙していたことと、深く関係しているように思う。

現代のアメリカや日本では、ありとあらゆるものが人の意図によってデザインされ、製造される。より便利に、より美しくなるよう、考えられ、計算され、形にされる。しかし、それらは、植物が芽を出し、葉を広げ、やがて花開くように、自らの力によって内側から形作られるものではない。

その意図され、形骸化し、魂をなくしたあらゆるものを、僕らは生まれたときに理由もなく無条件に与えられる。そこには意味はなく、形式だけがある。そのことに対する戸惑いが、ローレンスの場合は「沈黙」として表われたのだろう。

僕は、最初にローレンスの昔の話を知ったとき、周囲との意思疎通を拒否する、「共感」や「愛」に欠けた少女だったのかと思った。しかし、まったく逆だった。彼女は、内に秘める愛のあまり、意図された世界についていけず、そこに「意味」を見出すことができなかったのだ。

やがて彼女は夫と出会い、愛と信頼に溢れた言葉、つまり「会話」によって世界と繋がる術を見出した。「会話」という命あるものの種を植え、それが成長してスモールハウスという実を結んだ。だからこそ、そのスモールハウスは、魂を失うことなく、生きたものであり続けて欲しいのだと思う。

シンプルを極める

ローレンスが今のスモールハウスに住み始めてから、すでに7年。彼女は、今の暮らしのすべてに満足しているという。しかし、彼女は簡単にその暮らしを手に入れたわけではなかった。

彼女は、今の暮らしに辿り着くまで、20年間以上、夫と共に家や町を幾度となく変えてきた。その数、なんと20回にも及ぶ。すべて、小さな家だったという。

僕は、その事実がどうにも腑に落ちなかった。というのも、20年間、夫がいて、「会話」もそこにあった。つまり、「自分が本当に好きなもの」はすでにそこにあった。

ならば、あとは、前節で述べた「自然にシンプルになる」方法に委ねて、「会話」を中心に生活が作られるのを待てばいいはずだ。どうして20回にも及ぶ「やり直し」をしなければならなかったのか。僕は、その疑問をそのままぶつけてみた。すると、次のような答えが返ってきた。

> まさに、排除したかったのは、「意図」そのものだったのです。

「意図的に、意図的なものを排除してきたのですか」と問い返したら、「まさにその通りだ」という。つまり、「悟ろうとしているうちは、悟りは開けない」という、禅問答のようなものだ。

ローレンスの家の本棚には、吉田兼好、鴨長明、柳宗悦といった、日本の古典的名著も並んでいる。特に、彼女は、宗悦が唱えた「自然的なものが作り出す美しさ」に思い入れがあり、人の「意図」が入り込むようなものは何であれ、真に美しくはならないと考えている。人の「意図」によってなされるのは、「デザイン」であって、デザインされたものからは魂は失われてしまう。

宗悦によれば、工芸家は何年もの間、「意図」を注ぎ込んで、より良い工芸品を作ろうと努力する。しかし、熟達の境地に達するのは、その「意図」がすべて消え去り、その手から自然に作品が紡ぎ出されるときだ。そのとき初めて、作られるものに魂が吹き込まれ、「生きたもの」になるのだという。宗悦はこれを「道」と呼んでいる。

彼女は、彼女のスモールハウスから、「意図的なシンプル」によって整えられる「会話をすべき場所」という匂いが消えるまで、何度もやり直したのだ。

安心して「会話」という種を植えられ、それが自然に芽を出し、やがて花開くような、「生きた場所」を20年間探し続けてきた。場所を変え、家を変え続けてきた。そのたびに、忍び込んでくる「意図」を感じ、家が「デザインされたもの」になるのを感じ、「会話」がわずかに形骸化してしまうのを感じ、やがて原点に戻ってやり直すことを決意させられた。彼女にとっては、なくてはならない20年間だった。

その旅路の終りが、夫のマイケルと共に建てた、それまでで最も小さな家、つまり今のスモールハウスだった。

意図的なものと、自然的なものとの間で揺れ動く、あらゆる段階を経て、ついに、何かを意図することをやめました。そのとき初めて、この家が私たちの手から紡ぎ出されたのです。私たちの家は、もはや「意図」とは無関係です。

ローレンスのスモールハウスは、確かにシンプルだ。しかし、「シンプルです」と主張している様子もなければ、「シンプルにしよう」という気負いも感じられないし、「シンプルであるべきだ」という意識も見当たらない。それは、長い「道」を経て、シンプルを望む意図が、その気配を消すほどに、作品であるスモールハウスに刻み込まれたことを意味している。

世界をシンプルにする

ところで、僕ら、一体、どうしてそんなに生活をシンプルにしたがるのだろうか。第一義的には、シンプルでない生活は疲れるし、苦痛だからだ。でも、それがすべてだろうか。

生活がシンプルになればそれで良いとは限らない。

たとえば、お金のことしか頭になくて、すべてを経済的観点から割り切って判断し、何が儲けに繋がるかだけを考えて営む生活、これもある意味シンプルになる。儲けに繋がらない物や人間関係は最初から排除され、生活のあらゆる側面は「お金を儲ける」という目的のもとに体系的に整理されている。

でも、これは何かおかしいと感じる。生活をシンプルにする目的が間違っている。では、目的さえ真っ当なものであれば、それで良いのだろうか。真っ当な目的、つまり、自分や血族が生きてゆければいい、命を繋いでゆければそれでいい、ということであれば、そうした目的から目を逸らさない鳥や昆虫の生活は極めてシンプルだ。それじゃあ、僕ら人間は、遠回りをしているのだろうか。

この問いに対する答えのひとつを、ローレンスの暮らしが教えてくれるように思う。僕ら人間は、多かれ少なかれ、「生活する」「生きる」ということから超越して、真実を、つまり、「世界―自然、社会、人間」の客観的で正しい描像が何であるかを気にしてしまう存在だ。このことを、少しレトリカルに表現するなら、僕らには「世界をシンプルにしたい」という望みがある。

生きるためには、特定の社会のルールやマナーを会得すればよいし、現行の法律を知ればよいし、人間が進化の過程で獲得した感情や感覚を信じればよい。でも、それらは実は間違っているのではないか、とか、限られた場所でしか成り立っていないことなのではないか、とか、他の可能性はなかったのか、と考えることができる。世界にはわかっていないことが山ほどあるし、自分とはまったく違うことを信じている人たちがごまんといる。つまり、一人の人間にとって世界自体は未だシンプルではない。

資本主義的な価値観がすべてだと思って生きたほうがシンプルに生きられるが、長い歴史の中のほんの一過性のイデオロギーであって、自分はその中で踊っているだけなのかもしれないという囁きがどこかから聞こえる。死後の世界があると思って生きたほうがシンプルに生きられるが、それでは偽りの生であるという気持ちが湧く。キリスト教とイスラム教があると知ってしまったキリスト教徒は、もはやキリスト教を無条件に信じて生活の指針をそこに見出すことはできない。

そうして、自分が生きていくために必要な範囲の知識を超えて、自分から見えている世界、つまり自分のパースペクティヴと、そうでないものとを峻別していくプロセスは、人の成長のプロセスと並行している。

僕らはあるとき、自分が生まれ育ってきた家が唯一の家ではないことに気付く。他の人は、他の家で、まるでそこが宇宙の中心であるかのように育つ。そして、自分が彼らの家を見ているように、彼らは自分の家を、ひどく匿名的な多数の家のひとつとして見ている。そのことを知って愕然とする。その匿名感はやがて、自分の生まれ育った町へ、国へ、地球へと広がり、それと引き換えに、自分自身を中心とした主観的な生活は薄れていく。

生活をシンプルにすることのひとつの目的は、「生活する」ということから少し距離を置いて、世界の客観的なあり方と、その世界の中での今という時代や自分という存在の位置付けを見つめ直すところにあるのではないだろうか。

シンプルな生活は、世界もシンプルであると思い込んで大きな顔をして生きていくためではなく、むしろ、シンプルでない複雑な世界に対して心を開いておき、世界をシンプルにしようと努める余力を残しておくためにあるのではないだろうか。

ローレンスのスモールハウスは、街の喧騒から逃れた静寂の中で、生活自体にわずらわされることなく、会話によって世界を意味付けるための空間であった。つまり、生活の中心地である前に、問いと答えによって世界を理解しようとする場なのだ。

世界をシンプルにする

彼女は、会話が「自分が何者かを見出す」ことを可能にしてくれると言っている。自分が何者かを知るためには、自分ではない人間のことを知らなければならない。それが、自分中心のパースペクティヴから離れ、世界を理解するということ。

森の中で悠々自適の生活を営んでいるローレンスだが、彼女の生活信条は、「難しく考えるのはやめて、肩の力を抜いて、もっと気楽に生きよう」という、弛緩的な人生哲学とは異なる。彼女の家では、時間が停止していると言う。精神を研ぎ澄まし、時間から超越したところで普遍的なものを求める、そうした場なのだ。

もちろん、「会話」という方法は、世界を理解しようとするためのひとつの方法に過ぎない。ある人はそれが芸術に昇華するかもしれないし、ある人は科学や書物にそれを求めるかもしれないし、もっと素朴に自然に親しむことを選ぶ人もいるかもしれない。

彼女のように、労力をかけずに衣食住満ち足りていれば、自分の知識を省みて、より大きな視点からそれを眺めるための、静かな時間を獲得することができるだろう。

あとがきに代えて　筆者の動機

ライフスタイル、イデオロギー、環境問題などについて考えていくと、「僕らが生きている理由」という難問が、チラチラと見え隠れすることがある。

たとえば、本書では、「空回り経済」という言葉で「贅沢」を一刀両断した。これは、本当はもっと難しい問題だから、数ページとはいえ触れていいものかどうかずいぶん逡巡した。

欲望からだろうと嫉妬心からだろうと理由は何であれ、人が働き、大量の人や情報や物が頻繁に行き来することによって、人類にとって必要なものが本質的に支えられているだろうか？　僕は、ここのところでいつもわからなくなってしまう。

でも、僕は基本的にはノーだと思っている。そう思う理由は簡単で、高度に発展した技術のある現代に生まれてありがたいなぁと思うものはすごく少数で、たとえば、医療くらいしか思い浮かばないからだ。他のものは、僕もいろんなものに助けられて生活しているが、なければないでどうとでもなる。世の中いくら便利になっても、それによって節約された時間や体力は、再び競争と労働へと費やされているように見える。だったら、最初から何もしないで、歌でも歌っていたほうがいいんじゃないかと、そう思う。

でも、僕は間違っているかもしれない。よくわからない。

よくわからないというのは、単に、もしかしたら何ひとつ無駄なことはないんじゃないか、という意味でもよくわからないし、そもそも、人類にとって必要なものは何か、何を犠牲にして良いのか、と考え始めると、結局、人や動物が何のために生きているのかという難問にぶち当たってしまう、そういう意味でもよくわからない。

そんなわけで、「消費が縮小してしまう」という危惧に対する、スモールハウス側からの答えは、やっぱりよくわからない。

あるいは、スモールハウスの個人精神主義は、自分を優先すべきか地球を優先すべきかというエコロジーのジレンマを克服している、と書いた。じゃあ、住人の彼らは、生存競争から解放された聖人か何かなのか？

そんなはずはないと思う。豊かさの中にあっても、そうでなくとも、個体間の競争はなくならないだろう。自然淘汰という生物進化の根本原理を否定することは、生命に対する冒瀆だ。

じゃあ、生存競争の競技種目が「他人（他国）より無制限に豊かな物質の所有」ではないとしたら、真の競技種目は何なのだろうか。

僕らは、まだその答えを知らない。その答え次第では、スモールハウスが一般性を持たない可能性もある。

たぶん、真の競技種目を問うことは、数百年前の生活に戻ることを否定する理由を問うことであり、鳥や昆虫よりも人間が生き残るべき理由を問うことであり、究極的には生命全体の存在理由を問うことだ。ここでも「僕らが生きている理由」がひょっこり顔を出す。今のところ、答えを与えてくれているのは、怪しげな宗教だけだ。

「生きる意味」が顔を出してくれるのは、個人的にはすごく嬉しいことだ。

冒頭で述べたように、僕は、本書で紹介したようなスモールハウスの超劣化版で生活している。

僕が今の生活に至った理由には、瑣末な理由もたくさんあるが、今の状況をずっと遡っていくと、物心ついた頃、「自分の死」という観念と出会ったことに端を発しているのではないかと思う。

本文の第6章で、人の成長と自分自身に対する匿名感の度合いとは並行しているという話をした。本来、匿名感というのは、そのように、個人の精神的な成長の度合いに合わせてゆっくりと広がってゆくものだと思う。

でも、「自分の死」という観念は、その段階的なプロセスを飛び越して、一気に宇宙そのものとの離別を想像させる。大人だろうが小学生だろうが、容赦はない。そして、常には「生きる」ことの中に没入している自分は、「死」の観念によって暴力的に生活から引き剝がされ、自分に対して誰か別の人でも眺めるような強烈な匿名感を強いる。

そうすると、「生きよう」とする衝動と、「死」の観念による自分に対する客観視、この二つの人格が、自分の中に同居し始めることになる。それで、ここは紆余曲折の思考過程を端折ることになるけど、この分裂状態を何とか整合させるためには、ただ生きるだけじゃなくて、生きる意味を理解しなきゃならないと思った。

「と思った」と言ってしまうと冷静に聞こえるけど、これはもう理屈じゃなくて、生きるために知識を使うということを体が拒否するようになって、「今のは、生きるという文脈を抜きにしても成り立つことだろうか？」と、思考が外へ外へと行ってしまい、その懐疑が数学や論理なんかにまで及ぶと、もうまともなことが何ひとつ考えられなくなる。

で、何とかしないといけないと思ったし、まともにものを考えられないときでも安心して引きこもることのできる避難シェルターが欲しい、あるいは、ものを考えられなくて絶望したときでもそこに戻って再起できる拠点が欲しい、そういう風に思うようになった。

実家や故郷、何らかの組織や共同体など、すべて、生きることの支えにはなっても、死ぬことの支えにはならない。そういう意味で、「ここに戻ってくればいい」という安全地帯が、僕にはどこにもなかった。

何か積み上げられた結果できている複雑な場所よりも、掘っ立て小屋のほうがいい。むしろ、買ったばかりのまっさらな土地にテントひとつ持ち込むのがベストだ。何もなければないほど、安心して帰れる場所になる。

でも、テント生活を続けるわけにもいかず、もとよりそんな根性もなく、ちょっとずつごちゃごちゃと増えてきて、今の状態に至る。

僕の「生きる意味」に対する関心は、「人生の中で僕がすべきことは何か」とか「どうせ死んでしまうのだから生きることが虚しい」といった人生哲学としてではなく、「僕ら人類はどう歩むべきか」といったグローバルな問題としてでもなく、このように、今この瞬間の自我（人格の同一性）の問題として、まったく僕個人の内に存在していた。

そんなわけで、「僕」と「僕ら」という違いはあれども、「生きることの意味」に遭遇するのは、実に気分がいい。生活のスタート地点にいた奴が、なぜかゴール地点にもいる。やあ、また会ったな！　という具合だ。

こうした「私的」な事情のせいで、僕の頭の中は、シンプルでもなければ、自由からも程遠く、僕個人の中ですでに「生きにくい」のだけど、実際に日本で生きにくいかと言うと、そうでもなくて、逆説的だが今の社会は僕みたいな「私的な生きにくさ」を感じている人にとってはすごく生きやすい社会。

まず、明らかに経済の中にいない（もちろん、完全に距離を置くことはできないけど）ように見える人は、最初から放っておいてくれる。僕はこれを自由経済の「エアポケット」と呼んでいる。

それから、高消費経済で、世の中がぐるんぐるん回ってるわけだが、別に、いくら稼いでいくら消費するというのは決まっていない。だから、稼ぐほうは普通に稼いで（といっても定職につくわけじゃない、アルバイトの話）、変な消費をしなければいい。

本文の第5章でも似たような話をしたが、山小屋に住んでるからって、時給を下げられたりすることはない。こちらは高消費経済の「エアポケット」だ。

こういった異分子は、資本主義的な社会から排除しなければ、社会の血流が止まってしまう。税金をロクに納めないとか、働かないとかより、消費しないのはよほど性質が悪い。でも、これが、正直な気持ちだ。高消費かつ自由経済の日本に生まれてよかったと思ってる。

だから、特に昨今の、物質主義的な高速回転の社会を見直すという雰囲気、これはスモールハウスの追い風にもなり得るが、この雰囲気を後ろ盾に、僕自身の生活を肯定することはできない。僕は質素に暮らすし、たとえ1億円稼いでもローン付きのマイホームは買わないが、経済は適度に回っていて欲しいというのが僕の本音だ。


さて、そんなわけで、僕はスモールハウスという存在に対して複雑な立場にある。けれども、スモールハウスは、僕個人の動機や考え方を超えて、いろんな可能性を秘めていることは確かだと思う。僕はたぶん、その可能性を伝えるのに適任者じゃなかったと思うが、最後まで読んでくれた人、どうもありがとう。

スモールハウスムーブメントには、熱心な支持者もいる一方で、メディアの反応を見ている限り、怖いもの見たさ、珍しいもの見たさが半分入り混じっており、まだまだれっきとした市民権を獲得しているとは言い難く、いわば胎動期にある。

人々の好奇と懐疑が、理解と確信に変わり、オセロのように、すべての家がパタリパタリとひっくり返ってスモールハウスになっていく瞬間が、近い将来に見られるんじゃないだろうか。

参考文献

実例として紹介させていただいた6名のエピソードに関しては、私的なやりとりの他に、著書、メディアの記事、ブログ、ホームページなどを参考にした。数が多いので割愛するが、主として参照したのは以下の文献である。

The Small House Book, Jay Shafer, Tumbleweed Tiny House Company, 2009.

Put Your Life On a Diet: Lessons Learned from Living in 140 *Square Feet,* Gregory Paul Johnson, Gibbs Smith, 2008.

Go House Go, Dee Williams, electronic book, 2010.

Simple Solar Homesteading, LaMar Alexander（www.simplesolarhomesteading.com）, SunPower Publishing, 2011.

“Shrinking homes and tiny houses”, ABC Radio National, 2011.

www.innermosthouse.com, Diana Lorence, 2011.

ただし、本文中に掲載した間取り図のスケールや数値は厳密なものではない。また、シェファーの家に関して、本書で紹介してるのは、彼が2006年から住んでいるスモールハウスである。大きさや外観は、彼が最初に作ったものとほぼ同じだが、間取りが少し違う。写真や資料が、新しいもののほうがたくさん残っているので、こちらにさせていただいた。

スモールハウスムーブメントに関するインターネット上のリソースは無数に存在し、ここで列挙することはできないが、ジョンソンの管理しているスモールハウス協会のページがハブとして機能している。オンラインコミュニティの利用者数は、ここ5年で6倍に増えたという。

www.resourcesforlife.com/small-house-society

建築物としてスモールハウスを扱った書籍も多い。シェファーが2000年に初めてスモールハウスに関する本を著したとき、類書はたった3冊しかなかったと言っている。ところが、今は、本棚が一杯になるくらいあるらしい。代表的なものは、

Tiny Homes: Simple Shelter: Scaling Back in the 21st Century, Lloyd Kahn, Shelter Publications, 2012.

Portable Houses, Irene Rawlings and Mary Abel, Gibbs Smith, 2004.

スモールハウスに関する雑誌や新聞の記事の増加も目を見張るものがあり、各主要メディアに複数の記事がある。たとえば、

"The Next Little Thing?", The New York Times, 2008.
"Tiny house movement thrives amid real estate bust", The Associated Press, 2010.
"Let's Get Small:The Rise of the Tiny House Movement", The New Yorker, 2011.

なお、各文献の引用にあたっては、意訳を用いた部分もある。

謝辞

まず、貴重な体験を本書で紹介させていただくことを快諾し、多くの質問に答え、写真を提供し、原稿に目を通してくださった、海の向こうの6人の実践者、ジェイ・シェファー（Jay Shafer）、グレゴリー・ジョンソン（Gregory Johnson）、ディー・ウィリアムズ（Dee Williams）、ラマル・アレクサンダー（LaMar Alexander）、デヴィッド・ベル（David Bell）、ダイアナ・ローレンス（Diana Lorence）の各氏に、感謝の意を表したい。

それから、原稿を読んで的確な指摘をしてくれた、信頼する友人、前川くんと石田さんに、感謝の意を表したい。

最後に、この本の出版にあたり、編集業務だけでなく、内容そのものについても意見を交わしてくださった、編集者の竹並さんに、この場を借りて感謝の意を表したい。彼女の気遣いがなければ、本書の完成はなかった。

最後になりましたが、単行本の声をかけてくださった同文舘の編集者の竹並さん、そして、文庫化を進めてくださった筑摩書房の編集者の井口さんに、心からの謝意を表します。

文庫版あとがき

2012年の夏に出版された本書は、筆者の想定をはるかに超えて多くの人に読んでいただいた。それは書き手としてこの上ない喜びであった。

本文内の注で述べたが、本書では「スモールハウス」という言葉を用いたのに対し、アメリカでは「スモールハウス」と共に「タイニーハウス」という言葉が頻繁に用いられている。本書の執筆時、「スモールハウス」と呼ぶべきか、それとも「タイニーハウス」にすべきか、あるいは何か別の日本語を使うべきか、ずいぶん迷った。「タイニーハウス」のほうが、ただ単に小さな家という意味ではなく、本書で紹介したような、3坪程度の広さに生活に必要なものが全て詰め込まれた極小住宅という概念をピンポイントで指し示している。しかし「タイニー」という単語は日本人に馴染みがないのではないだろうかと考え、結局、初めて目にする人にわかりやすいように「スモールハウス」にした。

しかし、その後わずか数年間のあいだに、そのような心配が明らかに杞憂に過ぎなかったと思えるほどに「タイニーハウス」という言葉が認知されてきたように思う。インターネットでは、たとえばツイッター上で2012年にはあまり見られなかった「タイニーハウス」というキーワードが普通に呟かれるようになったし、YADOKARI（yadokari.net）を筆頭に、タイニーハウスを取り巻くシンプルなライフスタイルに関するコンテンツも多く見られるようになった。無印良品（www.muji.com/jp/mujihut）やYADOKARI（inspiration.yadokari.net）は実際に国内で購入可能なタイニーハウスを売り出した。SuMiKa（sumika.me）が主催した小屋フェスや、YADOKARIと山梨県の小菅村が主催したタイニーハウスデザインコンテスト、竹内友一さんがプロデュースした各地のタイニーハウスを巡るロードムービーの上映などは、タイニーハウスが耳目を集めつつあることを象徴する重要なシーンであった。YADOKARIとTREE HEADS & CO.が主催したタイニーハウスワークショップには、本書にも登場したディー・ウィリアムズも招かれた。

さて、スモールハウスないしはタイニーハウスという概念の浸透は嬉しいことであったが、出版社から本書の増刷の知らせを聞くたびに、ある思いが頭をよぎるようになった。こんなに多くの人に読んでもらえるのであれば、もっと筆者個人の趣味や思想を抑え、癖や偏りのないニュートラルな本として、現代日本のマジョリティにも受け入れられやすい形で書いたほうが良かったのではないか。実際、本書は、日本で普通に暮らしている読者にとってはいささか遠い世界の話であるように感じられたかもしれない。そんな構成になってしまったのは、筆者自身の生活が一般的な社会生活から外れるものだったからであり、またそのような自分自身の存在と距離を置いていわばドライに主題を扱うことができなかった筆者の物書きとしての未熟さによるものである。その罪滅ぼしと、少し偏った趣になってしまった本書の補填も兼ねて、スモールハウスムーブメントについてさらに知りたい人のために、日本語で読めるいくつかの関連書籍を紹介しておきたい。

『ニッポンの新しい小屋暮らし』（YADOKARI著、光文社）

小屋建築の構想から生活のリアルまで、日本国内の事例をオールカラーで扱っている手のひらサイズの小さな本。YADOKARI社は書籍だけでなく、充実したウェブ上のコンテンツや雑誌の発行、スモールハウスの販売まで行っている、日本のスモールハウスムーブメントの急先鋒である。他に、スモールハウスの国内の事例のレポートである『アイムミニマリスト』（三栄書房）、YADOKARI社の活動のドキュメントである『未来住まい方会議』（三輪舎）なども出版されている。

『Cabin Porn 小屋に暮らす、自然と生きる』（ザック・クライン編、グラフィック社）

タイニーハウスを主題とするウェブサイトは無数にあるが、その最大手である「Cabin Porn」から魅力的な小屋を厳選して書籍化されたもの。森や無人島、木の上から土の中まで、自然環境の中に建てられた小屋を中心に２００の事例の写真と10の物語が掲載されている。

『小屋大全』（西野弘章著、山と溪谷社）

小屋をセルフビルドするためのノウハウと実例集。法律から始まり、様々な工法から、ライフラインの施工、関連する用語集まで、素人の痒いところに手が届くよう、懇切丁寧に解説されている。小屋作りの実践的なハウツー本は近年多く刊行されているが（他に『自分でできる！　小屋の作り方』（学研プラス）、『小屋入門』（地球丸）もお薦め）、その中でも特に『小屋大全』はＤＩＹの工程が細部に亘《わた》って詳述されている大著である。

『スマートサイジング』（タミー・ストローベル著、駒草出版）

スモールハウスの住人である著者タミーが、小さな家を核として生活の全体をスマートにしてゆく過程を語る。明るく前向きで、癖がなく親しみやすい本。実は、タミーのスモールハウスも本書『スモールハウス』に登場してもらえるよう働きかけたのだが、タミー自身がこの『スマートサイジング』を執筆中ということで破談になったという経緯がある。

『次の時代を、先に生きる。』（髙坂勝著、ワニブックス）

経済成長を前提としない働き方から暮らし方まで。その文脈の中で「小さな家をセルフビルドしてみる」ことが薦められている。脱経済成長思想の旗手である著者の髙坂さんは、千葉で畑を耕しながら都内でオーガニックバーを経営する、いわゆる二地域居住の実践者でもあった（オーガニックバーは2018年3月までで閉店。今後は千葉で本格的に自給的な暮らしを始めるそうだ）。同著者の書籍に『減速して自由に生きる』（ちくま文庫）も。

以上はいずれも本書『スモールハウス』の単行本刊行以降の新しい本で、国内外のスモールハウスムーブメントの最新の動向を知ることができる。特に日本国内では、

「スモールハウス」から「タイニーハウス」へ、さらに日本人により親しみやすい「小屋」へとキーワードを遷《うつ》し、単行本だけでなく雑誌の特集やインターネットコンテンツを含め、小さなブームと言えるほどの盛り上がりを見せてきたように思う。

とりあえずは小さな市民権を獲得しつつある「スモールハウス」であるが、この動きが単なる一過性のサブカルチャーで終わらずに、どうにか現行の社会との折り合いを見出し、それによって日本と世界が日々の平穏な暮らしを享受できますように。

解説　ミニマリズム後を予見

佐々木典士

ぼくがモノを減らして「ミニマリスト」というものになろうとしていたとき、なによりわくわくしていたのは、それを通過した後に、多様な生き方の選択肢が開けているということだった。

持ち物さえ少なければバックパックひとつでノマドとして海外で生きることができるかもしれない。モバイルハウスや軽トラキャンパーで旅するように生活するのもいい。小さな家を建てて、そこを拠点に生活するのも悪くない。この「スモールハウス」という本を最初に読んだときも、本当にわくわくさせられた。巻頭にある小さいながらも工夫がなされた家。特にダイアナ・ローレンスの森の中に佇むスモールハウスに一目惚れしてしまったことをはっきりと覚えている。

ぼくはミニマリストになる前、東京の狭い部屋にしか住めない自分をどこかで恥じていたのだと思う。しかしその価値観はいつしか覆され、目の前が明るくなった。小さな家は管理の手間がかからず、同居人との距離感だって近い。際限なく大きくなろうとする欲に付きそうのではなく、自分の欲が満ち足りる水準を知ることもできる。「小さな家」にも本来は誰でも認める価値があることに、実際のイメージをもって気づけたのはこの本のおかげだ。

ぼくがモノを減らした結果、家事は簡単になり時間が生まれた。買い物に費やしていたエネルギーも節約できた。小さい部屋で家賃も少なくて済むようになったので、長時間働く必要がなくなり、会社も辞めてしまった。何より持っているお金やモノや住んでいる家で人を振り分けるヒエラルキーのようなものから自由になれた。以前の自分からすれば理想とも言える状態を体現した。しかしそれで問題は解決、一件落着ということにはならなかったのである。

スモールハウス・ムーブメントを描いた映画「Simplife」において、ぼくがいちばん共感したのはこの本でも登場するディー・ウィリアムズの「タイニーハウスの存在は、私のなかでどんどん小さくなっている」という言葉だった。この映画を見たとき、ぼくもまさにミニマリズムの存在が自分のなかで小さくなっていることを意識していたからである。

誰もが羨む豪邸を建て、老後も安心できるお金を貯めることができれば一丁あがり。その発想と、小さな家を建ててさえしまえば人生のほとんどの問題は解決する、という発想は通底していると思う。「Simplife」の監督は、その後タイニーハウスに住む人が普通のアパートに暮らし始めたり、バスに乗って旅をしていたカップルが別れたりしたことを教えてくれた。

「すべては変化する、という事実だけが不変だ」という言葉がある。モノを手に入れたり、手離すことに終わりはなく、小さな家を建てたからといって長い幸せが訪れるわけではない。ぼくのひとつの誤解は、ミニマリズムというものにどこかで「完成する」というイメージを持っていたことだった。そうしてミニマリズムというのは目的地ではなく、目印としての「小さな門」のようなものだと思うようになった。その小さな門を通過すると、凝り固まった「こうでなくてはならない」という価値観が削ぎ落とされ、身軽になれていろいろ試すことができる。しかしそれは、問題が解決することとイコールではない。恋愛映画のラストシーンのように、通過するときはドラマティックな変化を経験する。が、映画が終われば日常に戻っていく。そこで問いが尽きることはない。スモールハウスも同じだと思う。高村さんの言葉を借りれば「社会的な生きにくさ」を解決したとしても「私的な生きにくさ」は残り続けるのだ。

　ぼくが書いたミニマリストについての本は20カ国語に翻訳されることになり、毎日のように海外からも感想が届くようになった。その中でもいちばん嬉しかったひとつをアレンジして高村さんにも贈りたいと思う。「スモールハウスはもちろんおもしろいのですが、それを見つめる高村さんがおもしろいんですね」と。高村さんはたびたび、自分の主観がこの本に割かれていることを自戒されているが、この本の「あとがきに代えて」及び自伝的な作品『僕はなぜ小屋で暮らすようになったか』（同文舘出版）でも書かれたように、高村さんという特異な個性の、実存的な必要性がなくてはスモールハウスは発見され実行されえなかったのだと思う。自分が抱える問いと共にあり続け、孤独と自由で居続けるためには、自らの力で小屋を建てるほかなかった。

この本を再読してみて思ったのは、ぼくがミニマリズムを通過したあとに意識的にならざるを得なかった環境の問題、所有から共有への移行の問題などがすでに先取りされていたことだ。持ち物はこんなに少なくても生きていける。といえば当時はかっこよく聞こえたものだが、実際には社会的なインフラや、自然界に存在するものにだって多くを頼るということだった。ぼくも消費することから自分で作ることに興味を持ちＤＩＹも始めてみた。21万円で買った軽自動車を車中泊仕様に改造し、いざとなったら暮らせるようにもした。何より周囲に友人が誰もいない京都の片隅に住み始めてみたのだから、高村さんの跡を追っているようなものかもしれない。高村さんが今後どんな問いを生きるのか、興味が尽きない。

本書の単行本は二〇一二年九月、同文舘出版より刊行されました。

自作の小屋で暮らそう　高村友也

好きなだけ読書したり寝たりできる。誰にも文句を言われず、毎日生活ができる。そんな場所の作り方。推薦文＝髙坂勝　（かとうちあき）

減速して自由に生きる　髙坂勝

自分の時間もなく働く人生よりも自分の店を持ち人と交流したいと開店。具体的なコツと、独立した生き方。一章分加筆。帯文＝村上龍　（山田玲司）

自然のレッスン　北山耕平

自分の生活の中に自然を蘇らせる、心と体と食べ物のレッスン。自分の生き方を見つめ直すための詩的な言葉たち。帯文＝服部みれい　（曽我部恵一）

田中小実昌ベスト・エッセイ　田中小実昌　大庭萱朗編

東大哲学科を中退し、バーテン、香具師などを転々とし、飄々とした作風とミステリー翻訳で知られるコミさんの厳選されたエッセイ集。　（片岡義男）

色川武大・阿佐田哲也ベスト・エッセイ　色川武大／阿佐田哲也　大庭萱朗編

二つの名前を持つ作家のベスト。文学論、落語からタモリまでの芸能論、ジャズ、作家たちとの交流も。もちろん阿佐田哲也名の博打論も収録。（木村紅美）

夢を食いつづけた男　植木等

俳優・植木等が描く父の人生。義太夫語りを目指し、のちに住職に。治安維持法違反で投獄されても平和と平等のために闘ってきた人生。　（栗原康）

ぼくは本屋のおやじさん　早川義夫

22年間の書店としての苦労と、お客さんとの交流。どこにもありそうで、ない書店。30年来のロングセラー！　（大槻ケンヂ）

あたらしい自分になる本　増補版　服部みれい

著者の代表作。心と体が生まれ変わる知恵の数々。文庫化にあたり新たな知恵を追加。冷えとり、アーユルヴェーダ、ホ・オポノポノetc.　（辛酸なめ子）

深沢七郎の滅亡対談　深沢七郎

自然と文学（井伏鱒二）、「思想のない小説」論議（大江健三郎）、ヤッパリ似た者同士（山下清）他、人間滅亡教祖の終末問答19篇。　（小沢信男）

アンビエント・ドライヴァー　細野晴臣

はっぴいえんど、YMO……日本のポップシーンで様々な花を咲かせ続ける著者の進化し続ける自己省察。帯文＝小山田圭吾　（テイ・トウワ）

スモールハウス
3坪《つぼ》で手《て》に入《い》れるシンプルで自由《じゆう》な生《い》き方《かた》

二〇一八年四月十日　第一刷発行

著　者　高村友也（たかむら・ともや）
発行者　山野浩一
発行所　株式会社 筑摩書房
東京都台東区蔵前二―五―三　〒一一一―八七五五
振替〇〇一六〇―八―四一二三

装幀者　安野光雅
印刷所　三松堂印刷株式会社
製本所　三松堂印刷株式会社

乱丁・落丁本の場合は、左記宛にご送付下さい。
送料小社負担でお取り替えいたします。
ご注文・お問い合わせも左記へお願いします。
筑摩書房サービスセンター
埼玉県さいたま市北区櫛引町二―六〇四　〒三三一―八五〇七
電話番号　〇四八―六五一―〇〇五三

ISBN978-4-480-43511-8 C0195

ちくま文庫